Fabienne Becker-Stoll / Renate Niesel / Monika Wertfein

Handbuch
Kinder in den ersten
drei Lebensjahren

Fabienne Becker-Stoll / Renate Niesel / Monika Wertfein

Handbuch Kinder in den ersten drei Lebensjahren

Theorie und Praxis für die Tagesbetreuung

Mit einem Vorwort
von Karin und Klaus E. Grossmann

FREIBURG · BASEL · WIEN

3. Auflage 2010

© Verlag Herder GmbH, Freiburg im Breisgau 2009
Alle Rechte vorbehalten
www.herder.de

Umschlaggestaltung und -konzeption:
R·M·E Roland Eschlbeck/Rosemarie Kreuzer
Umschlagabbildung: Barbara Mößner
Fotos im Innenteil: Hartmut W. Schmidt
Illustrationen: Dunja Schnabel

Satz: Weiß-Freiburg GmbH – Graphik & Buchgestaltung
Herstellung: fgb · freiburger graphische betriebe
www.fgb.de

Gedruckt auf umweltfreundlichem, chlorfrei gebleichtem Papier
Printed in Germany

ISBN 978-3-451-30142-1

Inhalt

Vorwort 8

Einführung 11

1. **Kinder unter drei Jahren – aktive (Mit-)Gestalter ihrer Entwicklung** 14
   1.1 Das veränderte Bild vom Kind 14
   1.2 Das veränderte Verständnis von Entwicklung 19
   1.3 Frühkindliches Lernen – neue Erkenntnisse der Säuglings- und Hirnforschung 25
   1.4 „Bildung – Erziehung – Betreuung" in den ersten drei Lebensjahren 32

2. **Bindung – früheste Voraussetzung für Entwicklung und Bildung** 36
   2.1 Bindung und Exploration gehören zusammen 36
   2.2 Wie entwickelt sich Bindung im ersten, zweiten und dritten Lebensjahr? 39
   2.3 Von der Mutter-Kind-Bindung zur Erzieherin-Kind-Beziehung 47
   2.4 Feinfühligkeit, Stressreduktion und Explorationsunterstützung – Aufgaben der pädagogischen Fachkräfte 50

3. **Der Bildungsauftrag in Kindertageseinrichtungen** ... 54
   3.1 Der Anspruch auf Bildung in den ersten drei Lebensjahren 54
   3.2 Schlüsselthemen – auch für frühe Bildungsprozesse 56
   3.3 Bildung im Alltag der Tageseinrichtung 68

4. **Bildungsbegleitung – Voraussetzung für gelingende Entwicklung in den ersten drei Lebensjahren** 74
   4.1 Entwicklungspsychologische Grundlagen 74
   4.2 Bildungsbegleitung im Dialog mit dem Kind 85
   4.3 Kindgerechte Tagesabläufe und anregende Lernumgebung 94

5. **Auch die Jüngsten lernen von und mit anderen Kindern** 102
   5.1 Kinder sind soziale Wesen – von Geburt an 102
   5.2 Soziale Kontakte und Interaktion unter Kindern begleiten 114
   5.3 Kinder „unter drei" in Gruppen mit erweiterter Altermischung 122

6. **Beobachtung, Dokumentation und Entwicklungsbegleitung in den ersten drei Lebensjahren** 132
   6.1 Warum beobachten? – Bildung und Beobachtung gehören zusammen 132
   6.2 Wie beobachten? – Voraussetzungen und Merkmale professioneller Beobachtung 138
   6.3 Was beobachten? – Beobachtung und Dokumentation von Bildungsprozessen und Entwicklungsschritten 143

7. **Unverzichtbare Qualitätsmerkmale der Kindertagesbetreuung in den ersten Lebensjahren** 150
   7.1 Qualität von Anfang an 151
   7.2 Studie zur Bildungsqualität in Krippen – eine Untersuchung 156
   7.3 Worauf kommt es an? – Eckpunkte zur Qualitätssicherung in der Praxis 158

8. So gelingt frühe Bildung – Erziehung – Betreuung in den ersten Lebensjahren 162
8.1 Verantwortung der Fachkräfte 162
8.2 Verantwortung von Familien und sozialem Umfeld 166
8.3 Verantwortung von Trägern, Ausbildung und Politik 167

Vertiefende Lesetipps 173

Literaturverzeichnis 177

Vorwort

In 30 bis 40 Jahren werden die Kinder unter drei Jahren, die wir heute bilden, erziehen und betreuen, unseren Staat und unser Zusammenleben gestalten. Sie werden durch ihre Steuern unser öffentliches Sozialsystem „füttern", und ihre soziale Gesetzgebung wird festlegen, welche Qualität die außerfamiliäre Altenpflege für uns haben wird. Als Vorbild für ihr späteres Handeln wird ihnen in entscheidendem Maße die Qualität dienen, die sie selbst als Kleinkinder in der Betreuung erfahren haben.

In den ersten Jahren lernen die kleinen Kinder von uns Erwachsenen, wie man mit Schwächeren, weniger Kompetenten, Ängstlichen und Schutzbedürftigen umgeht. Die Bindungs- und klinische Entwicklungsforschung hat viele Belege dafür, wie Kinder das, was sie durch Eltern und Erzieherinnen am eigenen Leib erfahren haben, an ihre eigenen und andere Kinder weitergeben. Das gilt für liebevolle, zugewandte Fürsorge, die die Förderung und Anerkennung eines jeden Kindes im Blick hat, genauso wie für Minimalversorgung.

Auf diesem Hintergrund ist das Plädoyer des vorliegenden Handbuchs für Qualität in der Betreuung von Kindern unter drei Jahren so wichtig. Drei zentrale Aussagen können nicht genug betont werden:

1. Ein kleines Kind braucht eine Bindung auch an seine Erzieherin.
2. Bildung gelingt am besten auf der Grundlage einer vertrauensvollen Bindung.
3. Wertschätzung erlebt ein Kind dann am besten, wenn die vertraute Bezugsperson ihm aufmerksam zuschaut, sich bemüht, sein Erleben aus seiner Sicht zu sehen, und ihm auf seine stumm gestellten Fragen antwortet. Dabei müssen die Antworten so gestaltet werden, dass das kleine Kind sie verstehen und in seine Erfahrung einordnen kann.

Warum ist für ein kleines Kind eine Bindung an seine individuelle Erzieherin so zentral? Die wichtigste Funktion einer Bindung ist eine effektive Beruhigung bei Angst, Ärger, aggressiver Wut, Trauer und dem einsamen Gefühl, verlassen zu sein. Die Besänftigung dieser intensiven Gefühle ermöglicht es, dass Denken, Sprechen und die Entdeckerfreude wieder möglich werden. Nur so lassen sich Lösungen für die negativen Gefühle oder nicht erreichte Ziele finden.

Jedes Kind braucht Beachtung und ein zärtliches, genau für ein bestimmtes Verhalten passendes Lob, für die sich das Kind dann gerne mehr anstrengt. Ein kleines Kind lernt aus Liebe zu seiner individuellen Bezugsperson mit ihrer Hilfe und ihrem Beistand allmählich seine egoistischen Ziele, seine Eifersucht oder seine Wut zu beherrschen. Die Selbstbeherrschung, wie abwarten können, teilen können, Rücksicht nehmen, einem anderen helfen, in der gemeinsamen Ordnung bleiben und rücksichtsvolles Zusammenspiel sind dem kleinen Kind nicht in die Wiege gelegt, sondern müssen unter liebevoller Anleitung erworben werden.

Das Kind lernt während Episoden gemeinsamer Aufmerksamkeit mit seiner Bezugserzieherin: Welche Dinge, Ereignisse, Tätigkeiten oder Gefühle bei mir und anderen sind es wert, beachtet zu werden? Welches sind die dafür passenden Worte und Aussagen? Ein kleines Kind muss mit der Erzieherin sehr vertraut sein, damit es von ihr lernt. Das ist sehr anschaulich im Kapitel über eine sanfte Eingewöhnung dargestellt. Jedes Kind wird in seinem Spracherwerb gefördert, je mehr individuell mit ihm gesprochen wird. Individuelle Zuwendung und Aufmerksamkeit gelingen einer Betreuerin umso besser, je weniger Schützlinge sie in ihrer Gruppe hat.

Durch einfühlsames, beständiges Beobachten kann es den Erzieherinnen gelingen, sich in die Lage eines Kindes zu versetzen und es vor Schaden und Leid zu schützen. Ein Beispiel: Ein von mir beobachtetes Krabbelkind strebte den ganzen Morgen danach, einen schönen Spielzeuglastwagen zu bekommen. Da aber andere Kinder den oft nur herumstehenden Lastwagen genau auch in dem Moment haben wollten, wenn das kleine Kind ihm nahekam, wurde er stets gerade dann weggeschnappt, wenn das Kleine ihn ergreifen wollte. Da keine der Erzieherinnen das stumme Streben des Krabblers beobachtet hatte, kam ihm niemand zu Hilfe. So konnte das Kind sein Ziel nie erreichen, und es erlebte die anderen Kinder nur als Hindernisse. In einer anderen beobachteten Situation sah eine Erzieherin, dass eines ihrer Kinder verloren und einsam in einer Ecke hockte. Sie ging zu ihm, breitete ihre Arme aus. Das Kleine ließ sich von ihr gerne hochheben und in die Arme schließen. Dort entspannte es sich und ging danach zu den anderen Kindern.

Wie ein lern- und beziehungsfreundliches Klima in Kindertageseinrichtungen geschaffen werden kann, wird im vorliegenden Handbuch von Fabienne Becker-Stoll, Renate Niesel und Monika Wertfein ausführlich und anschaulich geschildert. Es bleibt zu hoffen, dass nicht nur Erzieher/innen und Ausbilder die Empfehlungen in die Tat umsetzen, sondern auch die verantwortlichen Politiker und Kämmerer. Sie müssen erkennen, wie wichtig es ist, den finanziellen Rahmen dafür zu ermöglichen, der auch neu zu schaffende Ausbildungsstätten einschließt. Ein großzügiger Rahmen ist ebenso wichtig wie das Fachwissen und die Kompetenz der Erzieher/innen. Es geht um die Zukunft unserer Kinder und damit um unsere eigene Zukunft.

Karin und Klaus E. Grossmann

Einführung

Bis zum Jahr 2013 wird es bundesweit im Durchschnitt für jedes dritte Kind unter drei Jahren einen Betreuungsplatz geben. Zur selben Zeit erhält jedes Kind mit Vollendung des ersten Lebensjahres einen Rechtsanspruch auf Förderung in einer Kindertageseinrichtung oder in der Tagespflege. Bereits jetzt haben viele Kommunen und Länder ihr Betreuungsangebot für unter Dreijährige erweitert. Das zeigt der Bericht zum Tagesbetreuungsausbaugesetz (TAG): Die Zahl der betreuten Kinder unter drei Jahren hat sich von 2006 bis 2007 um zwölf Prozent von 287.000 auf 321.000 erhöht. Damit hatten bereits im Jahr 2007 mehr als 15 Prozent der unter Dreijährigen in Deutschland eine Tageseinrichtung oder eine Tagesmutter besucht.

Viele Erzieherinnen werden aufgrund dieser Entwicklung – manchmal sehr plötzlich – vor die berufliche Herausforderung gestellt, mit einer Altersgruppe zu arbeiten, die im traditionellen Kindergarten nicht vorgesehen war und demzufolge auch in der Aus- und Fortbildung eine eher untergeordnete Rolle gespielt hat.

„Was brauchen Kinder unter drei Jahren?" lautet häufig die Ausgangsfrage, wenn Tageseinrichtungen für diese Altergruppe geschaffen oder bestehende Kindergartengruppen für Kinder in den ersten Lebensjahren geöffnet werden. Eine Auseinandersetzung mit dem Bild vom Kind als aktivem Lerner verändert die Sichtweise. Die Frage „Was brauchen die Jüngsten?" geht vom Erwachsenen als Gebendem und dem Kind als Empfangendem aus. Lautet der Einstieg dagegen „Was bringen Kinder in den ersten drei Lebensjahren mit in die Tageseinrichtung und was bedeutet das für die pädagogische Arbeit?", verschiebt sich die Perspektive. Betont wird hier das Potenzial der jungen Kinder, und es stellt sich die Frage nach einer angemessenen pädagogischen Reaktion der Unterstützung und Förderung, der wir in diesem Buch über alle Kapitel hinweg nachgehen werden.

Kinder unter drei Jahren werden meistens pauschal als eine Altersgruppe behandelt, obwohl die Entwicklungsunterschiede zwischen einem Säugling und einem Kind kurz vor seinem dritten Geburtstag groß sind. Wir möchten eine differenzierte Betrachtung der Entwicklung von Kindern in den ersten Lebensjahren ermöglichen. Daher werden die Kinder nicht pauschal als „unter Dreijährige" bezeichnet, sondern auch die Unterschiede zwischen unter Einjährigen, unter Zweijährigen und unter Dreijährigen in ihrer Begrifflichkeit herausgestellt:

Kinder bis zum Alter von 12 Monaten werden **Säuglinge** genannt. Sie sind ganz besonders auf die kontinuierliche, liebevolle körperliche Zuwendung einer vertrauten Bezugsperson angewiesen.

Für Kinder von 13 bis 24 Monaten übernehmen wir die englische Bezeichnung **Toddler**, da es im Deutschen keinen vergleichbaren Ausdruck gibt. Das Wort Toddler leitet sich von dem Verb „to toddle" ab, was soviel wie watscheln, tapsen oder unsicher gehen bedeutet. Mit Toddler sind die aktiven, neugierigen, aber motorisch noch nicht ganz sicheren Ein- bis Zweijährigen gemeint, die trotz beginnender selbsttätiger Erkundungen ihre Bezugspersonen sehr brauchen, weil sie ihre eigenen Kräfte noch nicht genügend einschätzen können.

Kinder zwischen 24 und 36 Monaten werden **Kleinkinder** genannt. Sie sind motorisch schon sehr selbstständig, können sich sprachlich verständigen und gestalten viele ihrer Interaktionen

auch mit Gleichaltrigen selbst. Dennoch stellt die Bezugsperson für sie immer noch den „sicheren Hafen" dar, von dem aus sie die Welt erkunden und an die sie sich bei Überforderung oder Kummer wenden können. Kleinkinder können bereits unterschiedliche Ziele sowohl mit Gleichaltrigen als auch mit ihren Bezugspersonen aushandeln.

Das Buch vermittelt ein fundiertes Grundwissen zur Bildung, Erziehung und Entwicklung von Kindern in den ersten drei Lebensjahren und zeigt Umsetzungsmöglichkeiten in der pädagogischen Praxis auf. Wir möchten alle diejenigen ansprechen und unterstützen, die sich mit der Bildung, Erziehung und Betreuung von Kindern in den ersten drei Lebensjahren befassen. Damit sind in erster Linie die pädagogischen Fachkräfte gemeint. Es sind aber auch diejenigen, die auf der organisatorischen und administrativen Ebene Kindertagesbetreuung für unter Dreijährige anbieten, organisieren und ausbauen, angesprochen. Das Buch eignet sich darüber hinaus für die Aus-, Fort- und Weiterbildung im Bereich der Frühpädagogik und die neuen Studiengänge zur frühkindlichen Bildung.

Der Lesbarkeit halber wird im Text nur von Erzieherinnen gesprochen (98 % der pädagogischen Fachkräfte sind weiblich), damit sind natürlich auch die Erzieher zur Lektüre eingeladen. Wir wünschen Ihnen viel Freude beim Lesen und hoffen, Sie in Ihrer täglichen Praxis und bei den neuen beruflichen Herausforderungen umfassend zu unterstützen.

Fabienne Becker-Stoll
Renate Niesel
Monika Wertfein

1. Kinder unter drei Jahren – aktive (Mit-)Gestalter ihrer Entwicklung

1.1 Das veränderte Bild vom Kind

Durch viele Jahrhunderte waren Kinder, von wenigen privilegierten Ausnahmen abgesehen, ökonomische Stütze ihrer Familien und Alterssicherung ihrer Eltern. Heute haben Kinder eigene Rechte, die in der UN-Kinderrechtskonvention „Übereinkommen über die Rechte des Kindes" festgeschrieben sind und weltweit das Kindeswohl sichern sollen. In Artikel 28 ist das Recht auf Bildung formuliert. Die Ansprüche an elterliche Erziehungsleistungen waren wahrscheinlich noch nie so hoch wie heute. Bestmögliche Förderung jedes Kindes – sowohl in der Familie als auch in familienergänzenden Einrichtungen – ist zu einer gesamtgesellschaftlichen Forderung geworden. Auch die Ansprüche an die Arbeit der pädagogischen Fachkräfte sind gestiegen. Die Pädagogik in Kindertageseinrichtungen unterliegt einem qualitativen Wandel von der Betreuung hin zur Bildungseinrichtung (vgl. Kap. 4) – hinter dem allerdings die gesellschaftliche Anerkennung der pädagogischen Berufe noch zurückbleibt.

Qualitativer Wandel hin zur Bildungseinrichtung

Das Bild des Kindes im geschichtlichen Wandel

In der „Geschichte der Kindheit" ist nachzulesen, wie sich das Bild vom Kind durch die Jahrhunderte gewandelt hat. So war im 16. Jahrhundert „... die Kindheit nur eine bedeutungslose Übergangszeit ... (und) wenn das Kind gestorben war, fand man nicht, dass dieses kleine Ding ... des Andenkens würdig sei" (Aries 1975/2006, S. 98). Sobald ein Kind ohne ständige Fürsorge seiner Mutter, Amme oder Kinderfrau leben konnte, gehörte es der Gesellschaft der Erwachsenen an. Gegen Ende des 17. und im 18. Jahrhundert entdeckte man „das kleine Kind, seinen Körper, seine Verhaltensweisen, sein unverständliches Geplapper..." (Aries 1975/2006, S. 111) und damit den Charme, der von kleinen Kindern ausgeht und die Freude, die Erwachsene daraus gewinnen können. Gleichzeitig warnten Moralisten und Erzieher vor zu viel Gehätschel und Vergötterung der Kinder, weil schlechte Erziehung die Folge sei (vgl. ebd., S. 215).

Herausragend ist das im Jahr 1658 von Comenius verfasste „Buch der Bücher" für Kinder. Er verstand die Bildung von Kindern als eine dem Menschen gestellte Lebensaufgabe, die in den ersten Lebensjahren in allen Schichten Angelegenheit der Mütter sei (vgl. Elschenbroich 2001). Im 18. Jahrhundert gewann das Kind als ernst genommene Person einen zentralen Platz in der Familie. In dieser Zeit entstand das Werk „Émile oder über die Erziehung" von Jean-Jacques Rousseau, das bis ins 20. Jahrhundert hinein großen Einfluss auf die Pädagogik hatte.

Allen großen Pädagogen und Pädagoginnen wie Johann Heinrich Pestalozzi (1746 – 1827), Friedrich Wilhelm August Fröbel

(1782 – 1852), Maria Montessori (1870 – 1952) oder Loris Malaguzzi (1920 – 1994) ist gemeinsam, dass ihrer Auffassung ein Bild vom Kind zugrunde liegt, das reicher, vielfältiger und anspruchsvoller erscheint als das jeweils gesellschaftlich vorherrschende. Ihre Arbeiten haben nicht nur die professionelle Pädagogik in Kindertageseinrichtungen verändert, sondern auch Einfluss auf die Alltagspädagogik in den Elternhäusern genommen.

Die Entwicklung von Kindern wurde und wird von Entwicklungspsychologen wissenschaftlich erforscht und beschrieben, wie z. B. Lew Wygotski (1896 – 1934) oder Jean Piaget (1896 – 1980) und Bärbel Inhelder (1913 – 1997). In ihrer Forschung sehen sie das Kind in erster Linie nicht als abhängiges, sondern als wissbegieriges, aktiv lernendes, kreatives Wesen. Die Ergebnisse neuerer Säuglingsforschung zeigen jedoch, dass sogar Piaget die kognitiven Kompetenzen von Kleinkindern noch unterschätzt hat: Bereits Säuglinge verfügen über mathematische und physikalische Konzepte und können die Absicht von handelnden Personen erkennen (Sodian 2008).

Das Kind als aktiv lernendes Wesen

In den letzten Jahrzehnten waren es insbesondere die modernen Methoden der Säuglingsforschung und die Bild gebenden Verfahren der Hirnforschung, die gelehrt haben, dass nicht erst die Entwicklung von Kindern „über drei", die sich bereits sprachlich artikulieren können, als Lernprozesse beschrieben werden können, sondern auch Säuglinge und Kleinkinder als Forscher und Entdecker, als sich bildende Persönlichkeiten aktiv sind.

Mit dem Eintritt in die Welt setzt jedes Neugeborene seine einzigartige, rasante Entwicklungsleistung fort, die maßgeblich von dem sensiblen Verhalten der Erwachsenen beeinflusst wird. „Programm", „Aufgabe" und „Lernen" bezeichnen einzelne Aspekte von Entwicklung, die untrennbar miteinander verbunden sind. Gemäß dem Bild vom „kompetenten Säugling" geht dieses Verständnis immer von der gesunden, normativen Entwicklung aus. Nur wer die große Bandbreite und Vielfältigkeit der Entwicklungsmöglichkeiten wahrnimmt, kann Abweichungen rechtzeitig erkennen, ohne Probleme und Defizite in den Vordergrund zu stellen.

Da das Bild vom Kind die pädagogische Haltung und das pädagogische Handeln beeinflusst, ist es wichtig, dass sich pädagogische Fachkräfte mit ihrem „Bild vom Kind" regelmäßig auseinandersetzen. Biografische Erfahrungen, Fachwissen und Erfahrungen in der Praxis beeinflussen und verändern dieses Bild.

Orientieren sich pädagogische Fachkräfte am Bild des von Geburt an aktiv lernenden Kindes, verändert sich ihre Rolle: In ihrer Verantwortung für die Befriedigung der physiologischen und psychologischen Grundbedürfnisse sind sie nicht nur Betreuerin der Kinder, sondern werden zu ko-konstruktiv arbeitenden Bildungsbegleiterinnen (vgl. Kap. 4).

Das von Geburt an lernende Kind

Physische und psychische Grundbedürfnisse
Auch wenn das „Bild vom Kind" heute die vielfältigen Kompetenzen, die Kinder von Geburt an mitbringen, und die beachtliche eigene Aktivität ihrer Bildungsentwicklung in den Vordergrund stellt, so sind Kinder gerade in den ersten Lebensjahren gleichzeitig auch sehr verletzbar und völlig von der liebevollen, beständigen Pflege und Versorgung durch vertraute Bezugspersonen abhängig. Seit den Untersuchungen zum Hospitalismus von René Spitz ist bekannt, dass die Befriedigung der physischen Grundbedürfnisse (Hunger, Durst, körperliche Hygiene, Schutz vor Kälte oder Hitze) nicht ausreicht, um eine gesunde Entwicklung zu gewährleisten. Neugeborene, Säuglinge und Kleinkinder sind ganz auf die Befriedigung ihrer psychischen Grundbedürfnisse durch ihre soziale Umwelt angewiesen.

Drei psychische Grundbedürfnisse können nach den amerikanischen Motivationsforschern Edward Deci und Richard Ryan unterschieden werden: Soziale Eingebundenheit, Kompetenz und Autonomie. Das Grundbedürfnis nach Bindung (vgl. Kap. 2) und sozialer Eingebundenheit steht für das Bedürfnis, enge zwischenmenschliche Beziehungen einzugehen, sich sicher gebunden zu fühlen und sich als liebesfähig und liebenswert zu erleben. Dem Grundbedürfnis nach Kompetenz liegt der Wunsch nach einer effektiven Interaktion mit der Umwelt

Drei psychische Grundbedürfnisse

zugrunde, durch die positive Ergebnisse erzielt und negative verhindert werden können. Autonomie steht für das Grundbedürfnis nach freier Bestimmung des eigenen Handelns und selbst bestimmter Interaktion mit der Umwelt (Deci & Ryan 1992). Der Mensch hat die angeborene motivationale Tendenz, sich mit anderen Personen in einer sozialen Umwelt verbunden zu fühlen, in dieser Umwelt effektiv zu wirken (zu funktionieren) und sich dabei persönlich autonom und initiativ zu erfahren (vgl. Kap. 4).

Das Grundbedürfnis nach Bindung (vgl. Kap. 2) wird zunächst von den Eltern beantwortet. Elterliches Engagement steht für eine Beziehung zum Kind, die von Freude und Interesse geprägt ist, in der Gefühle offen ausgedrückt werden können und die Bezugsperson emotional und zeitlich verfügbar ist. Fehlendes elterliches Engagement reicht von mangelnder Feinfühligkeit bis zu Vernachlässigung und Misshandlung. Struktur ist notwendig, um die Kompetenz eines Kindes zu fördern. Sie umfasst an den Entwicklungsstand angepasste Herausforderungen, aber auch Hilfestellung beim Erwerb von neuen Strategien. Das Gegenteil von Struktur – Chaos – ist charakterisiert von Unvorhersagbarkeit, Über- oder Unterstimulation, einem Mangel an Kontrolle und an Unterstützung beim Erreichen von Zielen (Skinner & Wellborn 1991). Autonomie unterstützendes Verhalten beinhaltet die Gewährung von Freiheit und Wahlmöglichkeiten bei einem Minimum an Regeln, sodass eigene Ziele erkannt und verfolgt werden können. Autonomie wird auch als Entwicklungsschritt verstanden – als Übergang zu selbst reguliertem Verhalten, das jedoch nicht unabhängig von der Umwelt geschieht und somit sehr beeinflussbar ist (Ryan, Kuhl & Deci 1997). Die Unterstützung von Autonomie ist ein wichtiger Punkt im Verhalten von Bezugspersonen (Ryan, Deci & Grolnick 1995). Die Autonomiebestrebungen können durch übermäßige Kontrolle, Manipulation oder Strafen gehemmt werden.

Autonomie als Entwicklungsschritt

Werden die Grundbedürfnisse nach Bindung, Kompetenz und Autonomie ausreichend befriedigt, kann das Kind sich aktiv mit seiner Umwelt auseinandersetzen und die alterstypischen Entwicklungsaufgaben gut bewältigen.

1.2 Das veränderte Verständnis von Entwicklung

Die Vorstellung darüber, was Entwicklung ist, hat sich in der gut hundertjährigen Geschichte der Entwicklungspsychologie deutlich verändert. Während der traditionelle Entwicklungsbegriff vor allem von der Vorstellung der Entwicklung als einer festen Abfolge von Stufen oder Phasen ausgeht, werden heute stärker Unterschiede in Entwicklungsverläufen und der Einfluss des Kontexts, in dem Entwicklung stattfindet, berücksichtigt (Oerter & Montada 2008, S. 3).

Das heutige Bild vom Kind wird letztlich von den zugrundeliegenden Entwicklungskonzepten bestimmt. Gegenwärtig werden vier Modell-Typen der menschlichen Entwicklung diskutiert, die sich darin unterscheiden, inwieweit sie dem Kind bzw. der Umwelt eine aktive oder eine passive Rolle zuordnen (Petermann, Niebank & Scheithauer 2004, zit. n. Ahnert 2007a, S. 3f.):

Vier Modelltypen der menschlichen Entwicklung

1. **Kreationistische Modelle** schreiben sowohl dem Kind als auch der Umwelt eine passive Rolle zu und werden zumeist religiös begründet und können nicht als wissenschaftlich gelten.
2. **Dispositionsmodelle** sprechen der genetischen Ausstattung des Kindes die dominierende Rolle zu und bewerten Umwelteinflüsse als marginal. Diese Modelle begründen sich darin, dass in bestimmbaren Zeiten der Frühentwicklung bestimmte Entwicklungsergebnisse beobachtet werden können (z. B. die ersten Schritte; das erste Wort).
3. **Umweltmodelle**, die die dominierenden Entwicklungseinflüsse in der Umwelt ansiedeln, stellen vor allem Verstärkungsmechanismen (aus Erziehungsprozessen bekannt) in den Mittelpunkt der Betrachtung, mit denen die Entwicklung des Kindes gesteuert werden kann. Diese Modelle erklären jedoch kaum, warum die gleichen Verstärkungsmechanismen bei unterschiedlichen Kindern sowie auch bei ein und demselben In-

dividuum im Verlauf seiner Entwicklung unterschiedlich wirksam sind.

4. Interaktionsmodelle beschreiben, wie das Kind aktiv auf Umwelten einwirkt und seinerseits aktiv von diesen beeinflusst wird. Sie gehören heute zu den bevorzugten Entwicklungsmodellen. Entwicklung wird hier als Folge der Interaktion (oder Transaktion) zwischen Umweltbedingungen und einem aktiven Kind verstanden. Die moderne Verhaltensgenetik untersucht kontinuierliche Wechselwirkungen von umweltbezogenen und genetischen Einflüssen und zeigt, dass beide verändernd aufeinander einwirken (z. B. Asendorpf 2004). Danach legen bereits individuelle intrauterine Umgebungsbedingungen (etwa unterschiedlich ausgeprägte Stresspegel während der Schwangerschaft) die vorgeburtliche Hirnaktivität verschieden aus. Sie bringen unterschiedlichste Verhaltenstendenzen und Fähigkeiten zum Tragen und bestimmen in einer ganz spezifischen Weise den Ausgangspunkt der Persönlichkeitsentwicklung nach der Geburt (Hüther & Krens 2005).

Das heutige Verständnis von Entwicklung umfasst alle nachhaltigen Veränderungen von Kompetenzen (Flammer 2009, S. 22). Mit dem Begriff der Kompetenzen sind die persönlichen Voraussetzungen für Verhalten und Erlebnisweisen gemeint – also auch Erfahrungen. Das neue Konzept von Entwicklung betrachtet die gesamte Lebensspanne (Entwicklung endet nicht mit dem Jugendalter), nimmt stärker die individuellen und (sub-)kulturellen Unterschiede der Entwicklung in den Blick und betrachtet die Wechselwirkung mit verschiedenen Einflussfaktoren und Entwicklungskontexten. Es geht nicht mehr darum, ob die Anlage oder die Umwelt mehr Einfluss auf die Entwicklung nehmen, sondern wie sich die Interaktion von Anlage und Umwelt in verschiedenen Phasen auf verschiedene Entwicklungsbereiche auswirkt. Das Konzept der Entwicklungsaufgaben entspricht dem neuen Verständnis von Entwicklung, die es über die gesamte Lebensspanne in Form von Anforderungen (individueller, biologischer, gesellschaftlicher, kultureller Art) zu bewältigen gilt. Dabei wird das Individuum als aktiver Gestalter seiner Entwicklung und Entwicklungsmöglichkeiten verstanden.

Interaktion von Anlage und Umwelt

Entwicklung ist Aufgabe

Das Verständnis der Entwicklung über den gesamten Lebenslauf ist ein Verdienst der Entwicklungspsychologie, aus der die „Psychologie der Lebensspanne" hervorgegangen ist. Das Konzept stellt einzelne Entwicklungsabschnitte, wie z. B. die frühe Kindheit, und einzelne Entwicklungsthemen, wie das Lernen, in Zusammenhang zur gesamten lebenslangen Entwicklung. Dies kommt auch beim Schlagwort „Lebenslanges Lernen" zum Ausdruck (Baltes 1990; Oerter & Montada 2008). Ein Lebensspannen-Konzept umfasst alterstypische Entwicklungsaufgaben, deren Bewältigung oder Nicht-Bewältigung die weitere Entwicklung beeinflussen kann.

Lebenslanges Lernen

Von Geburt an stellt sich eine Reihe von Entwicklungsaufgaben, deren sukzessive, möglichst erfolgreiche Bewältigung als Grundlage für eine gesunde Entwicklung und als Basis für die Erlangung immer komplexer werdender Kompetenzen gesehen wird. Diese Entwicklungsaufgaben stehen in Zusammenhang mit der jeweiligen kulturellen Umwelt.

„Eine Entwicklungsaufgabe ist eine Aufgabe, die sich in einer bestimmten Lebensperiode des Individuums stellt. Ihre erfolgreiche Bewältigung führt zu Glück und Erfolg, während das Versagen des Individuums unglücklich macht, auf Ablehnung durch die Gesellschaft stößt und zu Schwierigkeiten bei der Bewältigung späterer Aufgaben führt" (Havighurst 1982, S. 2). Entwicklungsaufgaben hängen ab von

- physischer Reife (individuelle Leistungsfähigkeit)
- kulturellem Druck (soziokulturelle Entwicklungsnorm)
- individueller Zielsetzung oder individuellen Werten.

Diese ökologische Entwicklungspsychologie verbindet Individuum und Umwelt, indem sie kulturelle Anforderungen mit individueller Leistungsfähigkeit in Beziehung setzt, und sie räumt zugleich dem Individuum eine aktive Rolle bei der Gestaltung der eigenen Entwicklung ein.

Innerhalb der Lebensspanne gibt es Zeiträume, die für bestimmte Lernprozesse oder Entwicklungsaufgaben besonders geeignet erscheinen, so genannte „sensitive Perioden". Zwar bilden

Sensitive Perioden

Entwicklungsaufgaben keine in sich abgeschlossenen zeitlichen Einheiten – sie können auch zu einem früheren oder späteren Zeitpunkt bearbeitet werden und greifen zeitlich ineinander über. In den sensitiven Perioden geschieht die Bearbeitung jedoch mit dem geringsten Aufwand. Die Anforderungen haben einen unterschiedlichen Verbindlichkeitsgrad; manche müssen unbedingt bewältigt werden (z. B. Kontrolle der Ausscheidungsorgane, soziale Kontaktfähigkeit, Spracherwerb, Schulfähigkeit), andere sind eher als Chancen zu sehen, die das Individuum ergreifen kann oder nicht. Schließlich gibt es Entwicklungsangebote, die für manche Individuen nicht realisierbar sind – sei es aufgrund mangelnder Kompetenz oder infolge familiärer und restriktiver sozioökonomischer Bedingungen.

Die Diskrepanz zwischen dem jeweiligen Entwicklungsstand und den potenziellen Handlungsmöglichkeiten lässt dem Individuum Veränderung im Sinne von Weiterentwicklung wünschenswert erscheinen. Es wählt die Aspekte aus, die seiner aktuellen Entwicklungssituation entsprechen und formuliert Zielsetzungen für die nahe oder entfernte Zukunft. Dabei üben die sozialen Partner (z. B. Eltern, Erzieherinnen und andere Vermittlungspersonen) wichtige Funktionen aus. Je jünger Kinder sind, desto aufmerksamer sind sie bezüglich des Erreichens der anstehenden Entwicklungsziele.

Voraussetzung: Erfüllung der seelischen Grundbedürfnisse

Die gelungene Bewältigung von Entwicklungsaufgaben in einem Lebensabschnitt schafft die Grundlage für günstigere Entwicklungsbedingungen in den folgenden Lebensabschnitten (Waters & Sroufe 1983). Voraussetzung dafür, dass die alterstypischen Entwicklungsaufgaben gut bewältigt werden, ist jedoch die Erfüllung der seelischen Grundbedürfnisse: Im ersten Lebensjahr geht es vor allem um die Erfüllung des Grundbedürfnisses nach Bindung. Nach dem Aufbau der Bindungsbeziehungen stehen im zweiten und dritten Lebensjahr die Grundbedürfnisse nach Autonomie und Kompetenzerleben stärker im Vordergrund.

Einteilung der Entwicklungsaufgaben		
Alter	Aufgabenbereich	Aufgabe der Bezugsperson
0 – 3 Monate	Physiologische Regulation	Behutsame Pflegeroutinen
3 – 6 Monate	Handhabung von Spannungen	Sensitive, kooperative Interaktion
6 – 12 Monate	Aufbau einer effektiven Bindung	Erreichbarkeit, Bereitschaft zu antworten
12 – 18 Monate	Erfolgreiche Exploration	Sicherer Bezugspunkt
18 – 30 Monate	Individuation (Autonomie)	Nachhaltige Unterstützung

Die Wissenschaftler Waters and Sroufe (1983, zit. n. Oerter & Montada 1998, S. 123) interessieren sich für komplexe Bewältigungsformen, die das Bindungsverhalten im ersten und zweiten Lebensjahr kennzeichnen. Sie verstehen unter Kompetenzen eine breite Vielfalt von Fähigkeiten und Fertigkeiten sowie Anpassungsleistungen innerhalb typischer Entwicklungssituationen, die sich dem Individuum als Handlungsgelegenheit in der Umwelt darbieten. Sie konnten belegen, dass diese voneinander unabhängig erscheinenden Lebensthemen am besten bewältigt werden, wenn die jeweils vorausgehenden Aufgaben gemeistert wurden. Insbesondere weisen sie auf den Zusammenhang zwischen dem Aufbau eines erfolgreichen Bindungsverhaltens und der späteren sozialen Kompetenz im Umgang mit Gleichaltrigen hin.

In der psychologischen und pädagogischen Fachsprache hat sich der Gebrauch des Fachbegriffs „Entwicklungsaufgabe" erweitert. Gemeint ist immer, dass es um das Zusammenwirken von individueller Leistungsfähigkeit, kulturellen Erwartungen und individuellen Zielsetzungen geht. Der positive, motivationale Charakter der Herausforderung wird betont, auf den das Individuum mit einem Zuwachs an Kompetenzen – mit Entwicklungsfortschritten – reagiert. Wichtig ist dabei, dass die Umwelt dem Entwicklungsstand angemessene Ressourcen zur Verfügung stellt, z. B. durch verlässliche Beziehungen und eine anregungsreiche Umgebung.

Entwicklung ist Lernen

In der Forschung werden nach wie vor Spielen und Lernen als unterschiedliche Phänomene behandelt, obwohl sie ähnliche Merkmale und ein ähnliches Anregungspotenzial für die kindlichen Erfahrungen haben. Freude, Kreativität, Sinnkonstruktion, Interaktion und das Potenzial der eigenen Zielfindung sind Dimensionen, die beim Spiel genauso wichtig sind wie beim Lernen (Pramling Samuelsson 2009).

Es ist eine überholte Sichtweise „Spielen" als zweckfreies Tun von Kindern im Gegensatz zum „Lernen" – der sinnvollen, zweckgebundenen Aneignung von Wissen und Können – zu betrachten. Schon für die Jüngsten gilt: Spielen und Lernen gehören untrennbar zusammen. Mit ihrem Spiel streben Babys und Kleinkinder nach Sinn und Erkenntnis. Alltagsgegenstände, die älteren Kindern und Erwachsenen bereits so vertraut sind, dass sie ihnen kaum mehr Aufmerksamkeit schenken, entdecken und erforschen die Jüngsten in allen Einzelheiten und mit großer Ausdauer und Konzentration.

> Spielen und Lernen gehören untrennbar zusammen

Kinder spielen mit großem Ernst. Wenn Eltern oder Erzieherinnen voller Freude ein Kind beobachten und feststellen: „Es spielt so schön!", umschreiben sie, dass es sich konzentriert und ausdauernd mit seiner Umwelt auseinandersetzt. Im Spiel zeigen Kinder ihre Art, sich auszudrücken. Sie spielen Alltagseindrücke nach, ordnen sie in ihr Weltbild ein und denken sie fantasievoll weiter.

Aktuelle Forschungen über die Entwicklung des Gehirns bestätigen die Bedeutung der Eigenaktivität des Kindes (Braun 2002). Menschen werden mit einem Gehirn geboren, das es ihnen ermöglicht, lernend in jede Kultur der Welt hineinzuwachsen – z. B. jede Sprache zu lernen, die in ihrer Umgebung gesprochen wird. Das Gehirn ist von Natur aus für Entwicklungsprozesse vorbereitet und verändert sich nach der Geburt in Reaktion auf die Erfahrungen, die ein Kind macht. Alles, was ein Baby sieht, hört, schmeckt, berührt oder riecht, beeinflusst die Art und Weise, in der sich sein Gehirn aufbaut. Wiederholte Aktivitäten, Erfahrungen und Lernprozesse führen zur Stärkung der benötigten neuronalen Verknüpfungen. Hirnforscher sagen auch, dass das Gehirn ein Sozialorgan sei (Hüther 2006). Sie meinen damit, dass Lernen und Entwicklung immer den Austausch und die emotionale Beziehung mit einem menschlichen Gegenüber, mit Erwachsenen und anderen Kindern brauchen. Die genaue Beobachtung der Mitmenschen – um am Modell, am Vorbild durch Nachahmung lernen zu können – ist ebenfalls Teil des selbsttätigen Lernens.

Im Zusammenhang frühkindlicher Lernprozesse fällt häufiger der Begriff „Selbstbildung". Damit ist nicht gemeint: „...‚Vonselbst-Bildung'..., sondern (der Begriff) beschreibt den Anteil der Selbsttätigkeit des Kindes innerhalb einer Lern-Kultur mit dem Ziel, dem Kind eine Partizipation an der Kultur zu ermöglichen, in die es hineinwächst (Schäfer 2008, S. 138).

1.3 Frühkindliches Lernen – neue Erkenntnisse der Säuglings- und Hirnforschung

Was brauchen Babys, was können sie, und was dürfen wir ihnen zutrauen? Babys sind keine hilflosen Wesen, die die Welt nur unscharf wahrnehmen. Kinder sind von Geburt an mit Neugier und Kompetenzen ausgestattet, um zu erkunden und – mit Unterstützung erwachsener Bezugspersonen – sich selbst und die Welt um sich herum zu erforschen und sich Wissen anzueignen. Sie sind aktive Lerner, die in sozialen Zusammenhängen lernen: Kinder sehen nicht nur – sie schauen zu. Sie hören nicht nur – sie hören zu. Für ihre Lust am Explorieren nutzen sie alles, was ihnen zur Verfügung steht. Der Säugling ist mit allen Kompetenzen ausgestattet, die er für seine Weiterentwicklung braucht. Kinder werden bereits mit der Fähigkeit zur Interpretation von menschlichen Handlungen geboren. Der Eigenanteil des Kindes wird in den Mittelpunkt von Entwicklung und Lernen gestellt: Das Kind als Akteur seiner Entwicklung.

Das Kind als Akteur seiner Entwicklung

Mit der Geburt – und in ersten Ansätzen bereits vor der Geburt – beginnen Säuglinge, ihre Umwelt zu erkunden und mit ihr in

Austausch zu treten. Die kognitive Entwicklung des Kindes basiert auf einem Wechselspiel von angeborenen Lernmechanismen und Umweltreizen und hängt davon ab, ob und wieweit es die Umwelt ihm gestattet, seinen Drang nach stets neuen Lernreizen und Erfahrungen nachzugehen.

Das Gehirn sucht sich seine Anregungen, es sucht nach Abwechslung und es versucht, Denk- und Erklärungskonzepte zu erstellen (Braun 2002). Kinder entwickeln von den ersten Lebensmonaten an die Fähigkeit, die Welt geordnet wahrzunehmen und zu konzeptualisieren. Das Kind fertigt nicht einfach eine „Kopie der Wirklichkeit" an, sondern es erzeugt seine eigene „Konstruktion der Realität" – es erschafft sich seine Welt. Das gelingt durch Kognition, durch Denk- und Erkenntnisleistungen. Durch die immer differenzierter werdende Auseinandersetzung mit der Umwelt verfeinern sich die kognitiven Strukturen.

Das Kind erschafft sich seine Welt

Menschen kommen nicht als eine Art unbeschriebenes Blatt auf die Welt. Die Autorinnen Alison Gopnik und Patricia Kuhl sowie ihr Kollege Andrew Meltzoff wagen folgenden Vergleich:

- **Grundlagen:** Babys übersetzen zunächst Informationen, die sie aus der Welt erhalten in reichhaltige, komplexe, abstrakte, zusammenhängende Repräsentationen... (So) können Babys ihre Erfahrungen auf bestimmte Weise interpretieren und Vorhersagen über neue Ereignisse treffen. Sie kommen mit leistungsfähigen Programmen auf die Welt, die bereits hochgefahren und betriebsbereit sind.
- **Lernen:** Auf der Basis ihrer Erfahrungen bereichern Babys und kleine Kinder ihre anfänglichen Repräsentationen, modifizieren und revidieren sie, formen und strukturieren sie um und ersetzen sie manchmal auch ganz.... Sie haben nicht nur ein einziges Programm, sondern entwickeln eine ganze Folge von immer leistungsstärkeren und exakter arbeitenden Programmen. Die Kinder spielen bei diesem Prozess selbst eine aktive Rolle, indem sie forschen und experimentieren. Kinder programmieren sich selber um.

- **Andere Menschen:** Andere Menschen sind so programmiert, dass sie Kindern helfen, sich selbst neu zu programmieren (Gopnik, Kuhl & Meltz 2003, S. 171).

Ko-Konstruktion als pädagogisches Prinzip
Die Konstruktionsleistung des Kindes wird am konsequentesten gewürdigt, wenn Pädagoginnen sich selbst als Ko-Konstrukteure in Bildungsprozessen verstehen. Das „Bild vom Kind", das seine Lernprozesse aktiv (mit-)gestaltet, verändert somit auch die Rolle der Erwachsenen. Sie sind nicht mehr die alleinigen Experten. Unverändert bleibt allerdings ihre Verantwortung für die Befriedigung der Grundbedürfnisse, ihre Verantwortung für Sicherheit und Verlässlichkeit in der Beziehung. Erwachsene werden zu Entwicklungsbegleiterinnen und Entwicklungsbegleitern, die aufmerksam und einfühlsam auf die Fragen der Kinder reagieren, auch wenn sie noch nicht sprechen können. Hier wird nicht schnell die richtige Lösung angeboten, sondern Erwachsene greifen unterstützend ein, wenn das Kind alleine nicht mehr weiterkommt. Sie sorgen für neue Impulse, um weitere Lernschritte anzuregen. Erwachsene erkennen die tiefgehenden Lerneffekte, die in den Lösungswegen der Kinder, die auch Umwege sein können, stecken. Systematische Beobachtung und Dokumentation (vgl. Kap. 6) sind unerlässliche Instrumente zur Erreichung dieser Bildungsziele.

Das Konzept der „Ko-Konstruktion" betont den sozialen Charakter von Bildungsprozessen (vgl. z. B. Fthenakis 2003; StMAS & IFP 2007, S. 427f.) und geht von Gleichrangigkeit und Gegenseitigkeit der Bildungspartner aus. So werden für ko-konstruktive Bildungsprozesse auch die intragenerationalen Beziehungen – die Bildungspotenziale, die in den Beziehungen zwischen Kindern stecken – in den Blick genommen. In den intragenerationalen Beziehungen und der Kinderkultur in Tageseinrichtungen (Corsaro 1997) liegt der Ursprung des ko-konstruktiven Ansatzes (Youniss 1994). Kinder brauchen ihresgleichen, um in Prozessen gemeinsamen Handelns und Denkens sowie in Akten der Sinngebung/Interpretation eine Kultur zu schaffen, die rückbezogen ist

Pädagoginnen als Ko-Konstrukteure in Bildungsprozessen

auf die „ererbte" Kultur der Erwachsenengesellschaft und gleichzeitig eine eigenständige Kultur repräsentiert (vgl. Kap. 5). In diesem Sinne meint „Reproduktion" nicht einfach Übernahme/Nachahmung/Wiederholung, sondern produktive Aneignung und Neu-Erschaffung (Corsaro 1997, S. 40ff.).

Wenn man Erwachsene als „Ko-Konstrukteure" der kindlichen Entwicklungs- und Bildungsprozesse betrachtet, macht dies nur unter der Voraussetzung Sinn, dass diese das fest gefügte (und weithin „objektive", d. h. wissenschaftlich verifizierte) Weltbild, über das sie verfügen, für die Zeit der Interaktion mit dem jungen Kind vergessen und sich dafür öffnen, zusammen mit den Kindern ein „anderes", „neues" Weltbild zu erarbeiten (Liegle 2008, S. 99).

Kinder lernen in Beziehung zu anderen Menschen

Kinder lernen in Beziehung zu anderen Menschen. Sie lernen mit anderen Kindern und Erwachsenen, die ihr Handeln sprachlich begleiten, aber auch als Vorbild wirken, wenn sie selbst ebenfalls Neugierde und Forschergeist zeigen. Ko-Konstruktion werden Prozesse genannt, in denen Kinder miteinander und Kinder und Erwachsene gemeinsam Bedeutungen herausfinden, Dingen und Geschehnissen einen Sinn geben und das Weltbild weiter und komplexer werden lassen – eben gemeinsam konstruieren. Auch wenn Erwachsene mehr wissen und können: Besserwisser sind sie nicht, denn die Kinder sind Experten für ihre Sicht der Dinge.

Es ist wichtig, „Kinder selbst zu hören, ihnen die Möglichkeit zu geben, uns in den Bildern, die wir uns von ihnen gemacht haben, irritieren zu lassen" (Schäfer 2008, S. 138).

Die Entwicklung des frühkindlichen Gehirns
Neuere Erkenntnisse aus der Neurobiologie und Gehirnforschung (Braun et al. 2002) zeigen, wie sich frühe Bindungserfahrungen auf die Entwicklung im Gehirn auswirken. Das kindliche Gehirn erfährt in den ersten Lebensjahren nicht nur ein enormes Wachstum (ca. 400 g bei Geburt und ca. 1000 g im Alter von 2 Jahren), sondern auch eine starke Verdichtung der neuronalen Netzwerke. Diese enorme Verdichtung von neuronalen Netzwerken dauert während der ersten fünf oder sechs Lebensjahre an. Danach

werden diese Netzwerke ausgedünnt, d. h. nur die benötigten Verbindungen werden aufrechterhalten. Dieser Auswahlprozess oder dieses „Ausjäten" ungenutzter Verbindungen ist die Voraussetzung dafür, dass wichtige Informationen von unwichtigen unterschieden werden können und die Aufmerksamkeit gezielt auf bestimmte Reize gerichtet werden kann.

Damit es in dieser Zeit zu diesem rasanten Zuwachs an neuen Vernetzungen kommt, müssen bestimmte Areale im Gehirn gleichzeitig stimuliert werden. Denn nur das gleichzeitige Aktivieren von verschiedenen Nervenzellen führt zu bleibenden Strukturveränderungen. Dies kann durch feinfühlige Interaktionen einer Bezugsperson mit dem Kind erreicht werden. Im Gehirn des Kindes werden primäre und sekundäre Sinnes- und Bewegungszentren, das Limbische System – ein wichtiges Areal für die Entstehung von Gefühlen – und Regionen im präfrontalen Kortex stimuliert. Die Stimulation dieser drei Hirnregionen führt zu neuen Vernetzungen. Die frühkindlichen emotionalen Erfahrungen beeinflussen die funktionelle Entwicklung des Gehirns und führen zur Entstehung von neuen (sensorischen, motorischen und limbischen) Schaltkreisen, die eine optimale Leistungsfähigkeit und Anpassung an die Umwelt ermöglichen. Fehlt eine entsprechende Stimulation (z. B. bei Deprivation), entwickeln sich diese hochkomplexen Strukturen im Gehirn nur unzureichend und erschweren somit die Anpassung an die Herausforderungen alterstypischer Entwicklungsaufgaben. Die Qualität des emotionalen Umfeldes und der Grad der frühkindlichen geistigen Förderung beeinflussen die späteren intellektuellen und sozio-emotionalen Fähigkeiten eines Kindes (vgl. Braun et al. 2002).

Feinfühlige Interaktion

Eine besondere Rolle bei der Entwicklung der sozialen Kompetenzen im Gehirn wird den Spiegelneuronen zugeschrieben. Diese speziellen Neurone wurden Anfang der 1990er-Jahre zufällig durch ein Wissenschaftlerteam um Vottorio Gallese in Norditalien bei der Untersuchung der Bewegungssteuerung bei Affen entdeckt. Es beobachtete, dass einzelne Nervenzellen im prämotorischen Kortex – einem Hirnbereich, der für die Bewegungssteuerung zuständig ist – nicht nur reagierten, wenn das Tier z. B. nach einem Holzklotz griff oder eine Banane schälte. Sie wurden auch dann aktiviert, wenn das Tier selbst bewegungslos sitzen blieb, aber den Versuchsleiter bei der entsprechenden Handlung beobachtete. Das Tier schien die Bewegung förmlich im Kopf zu simulieren. Mittlerweile gibt es viele Hinweise darauf, dass derartige Spiegelneurone auch im Gehirn des Menschen zu finden sind (Gaschler 2006; Hanke 2005; Bauer 2005). Immer dann, wenn wir eine Bewegung vorbereiten, beobachten oder uns nur vorstellen, beginnen im Gehirn dieselben Bereiche zu arbeiten, als ob wir die Bewegung tatsächlich selbst ausführten. Vermutlich kommen die spiegelnden Nervenzellen nicht nur bei der Bewegungswahrnehmung, sondern ganz allgemein dann ins Spiel, wenn Menschen versuchen, sich in ihr Gegenüber hineinzuversetzen: Wir imitieren, um zu verstehen – Einfühlungsvermögen auf neuronaler Ebene (Hanke 2005). Dies funktioniert aber nur, wenn der Mensch zu seinem Gegenüber eine emotionale Beziehung hat. So werden Spiegelneurone z. B. durch die Beobachtung von Robotern nicht aktiviert.

Die Bedeutung der Spiegelneurone

Menschen verfügen bereits von Geburt an über komplexe Fähigkeiten zur Kommunikation. Kleinkinder ahmen Handlungen nicht nur einfach nach, sie können diese auch aus der Perspektive des anderen realisieren und nachvollziehen. Die angeborenen Spiegelsysteme des Säuglings können sich allerdings nur dann entfalten und weiterentwickeln, wenn sie durch geeignete soziale Interaktionen stimuliert werden (Bauer 2005).

Die Erkenntnisse der Hirnforschung zur Entwicklung des frühkindlichen Gehirns lassen sich in vier Aussagen zusammenfassen:
- Das frühkindliche Gehirn wird auch auf der Ebene der Molekularstruktur, der Entstehung von Synapsen und des Aufbaus der Vernetzungen viel stärker durch Umwelteinflüsse, insbesondere durch Erfahrungen mit den primären Bezugspersonen beeinflusst als bisher gedacht. Die Annahme, das Gehirn, seine Entwicklung auf struktureller Ebene und seine Leistungsfähigkeit seien im Wesentlichen genetisch

bestimmt, muss heute revidiert werden. Es sind nicht die Gene, sondern die Erfahrungen, die das Kind vorgeburtlich und in den ersten fünf Lebensjahren mit seiner unmittelbaren sozialen Umwelt – seinen wichtigsten Bezugspersonen – macht, die über die spätere Leistungsfähigkeit des Gehirns entscheiden (Braun et al. 2002/2009).

- Damit sich im Gehirn neue Strukturen und Vernetzungen entwickeln können, bedarf es eines gleichzeitigen Zusammenwirkens dreier Bereiche: Sinnes- und Bewegungszentren im Neocortex, Limbisches System – Emotionszentrum – und präfrontaler Cortex. Nur die gleichzeitige Stimulation dieser drei Areale führt zum Aufbau neuer Strukturen, die auch nachhaltig sind. Diese optimale Stimulation erfährt das frühkindliche Gehirn am besten in der liebevollen Interaktion mit seiner Hauptbezugsperson, weil dabei – eingebettet in eine emotional bedeutsame Beziehung – visuelle, auditive, taktile Reize mit dem Limbischen System und dem präfrontalen Cortex vernetzt werden. Durch Fernsehen oder Videos werden Babys nicht klüger, weil sie bei einer solchen Reizdarbietung keine Stimulation des emotionalen Zentrums, des Limbischen Systems, erleben. Dabei findet keine gleichzeitige Aktivierung verschiedener zentraler Areale, sondern nur eine visuelle und auditive Stimulation ohne emotionale Einbettung statt.
- Frühkindliches Lernen findet dann statt, wenn die Aktivität vom Kind ausgeht und es selbst erkundet, handelt, begreift, erfährt – mit möglichst vielen Sinnen und in emotionaler Sicherheit. Das frühkindliche Gehirn ist für aktives Erkunden und Lernen geschaffen. Jedes vom Kind ausgehende aktive Erkunden, Lernen, Begreifen, Verstehen wird durch „Belohnungsmechanismen" unterstützt. Mit jeder Erkenntnis erfährt das Kind eine intrinsische Beglückung, sodass es immer weiter verstehen und lernen möchte. Dieser Belohnungsmechanismus funktioniert jedoch nur bei selbst initiiertem Lernen. Frühkindliches Lernen unterscheidet sich von erwachsenem Lernen, in-

dem es ausschließlich von der unmittelbaren eigenen Erfahrung, der eigenen Aktivität abhängt. Heranwachsende und Erwachsene können auch aus Erklärungen und Informations- oder Wissensvermittlung im herkömmlichen Sinne lernen.
- Die emotionale Sicherheit ist umso bedeutsamer, je jünger ein Kind ist. Sie ist Voraussetzung dafür, dass das Kind sich mit seiner Umwelt aktiv auseinandersetzen kann und Grundlage jedes Lernens. Kinder lernen in und durch die Beziehung zu ihren primären Bezugspersonen. Auch die angeborenen Spiegelneurone des Säuglings können sich nur dann entfalten, wenn sie durch soziale Interaktion mit den Bezugspersonen stimuliert werden (Bauer 2005).

1.4 „Bildung – Erziehung – Betreuung" in den ersten drei Lebensjahren

Bildung

Der Begriff „Bildung" betont die im Menschen angelegte Fähigkeit, ein Bild von der Welt aufzubauen (zu konstruieren), sich die physische und geistige Welt anzueignen, den Dingen Sinn und Bedeutung zu verleihen. Es ist ein lebenslanger Prozess, der mit der Geburt beginnt. Bildung meint sowohl den Prozess der Erkenntnis und Aneignung, als auch den inneren Vorgang der Formierung und das Resultat über das verfügen zu können, was zueigen geworden ist: Wissen, Erkenntnis und Können.

Bildungsprozesse sind eingebettet in soziale Bezüge

Bildungsprozesse sind eingebettet in soziale Bezüge. So ist z. B. das Erlernen der Muttersprache ohne lebendige Beziehungen zwischen Älteren und Jüngeren nicht möglich. Die Erfahrung einer sicheren Bindung gilt als entscheidende Voraussetzung für die Bereitschaft und Aufrechterhaltung der Motivation von Kindern, Neuem und Unbekanntem mit Neugier, Interesse und Wissensdurst zu begegnen.

Bildung
- ist die im Menschen angelegte Fähigkeit, ein „Bild" von der Welt aufzubauen
- bedeutet eine aktive Konstruktionsleistung, sich die physische und geistige Welt anzueignen, den Dingen Sinn und Bedeutung zu verleihen
- setzt Lernfähigkeit voraus
- meint das Verfügenkönnen über das, was zueigen geworden ist (Wissen, Können)
- setzt interpersonelle Beziehungen voraus (sozialer Charakter)
- beruht auf Motivation (vgl. Liegle 2008, S. 95ff.).

Erziehung

Der Begriff „Erziehung" tritt in der aktuellen Diskussion hinter die „Bildung" zurück. Wenn Erwachsene und Kinder interagieren, findet jedoch auch immer Erziehung statt. Formulierungen wie „Erziehung durch Vorbild", „Kulturtransfer von einer Generation auf die nächste" oder „Sie/er hat eine gute Erziehung genossen" spiegeln dies wider.

Erziehung
- beschreibt interpersonelles/soziales Geschehen
- beruht in der Grundform auf dem Generationenverhältnis
- ist bezogen auf Themen/Inhalte des Alltagslebens/der Kultur, auf Verhaltensweisen/Fähigkeiten und Regeln
- kann nur gelingen, wenn sie auf die Bereitschaft und Fähigkeit zur Aneignung, d. h. auf Lernbereitschaft trifft (vgl. Liegle 2008, S. 93f.).

Der Erziehungsbegriff wandelt sich. Der Kulturtransfer zwischen den Generationen verläuft auch umgekehrt – von der jüngeren Generation zur älteren, wenn es z. B. um die Nutzung moderner Medien geht. Auch Neugeborene erziehen ihre Eltern: zu einem völlig neuen Lebensstil. Erziehung passiert auch zwischen Kindern bereits in den ersten drei Lebensjahren (vgl. Kap. 5).

Betreuung
Der Begriff der „Betreuung" ist in der aktuellen Diskussion in den Hintergrund gerückt. Die so genannte „Betreuungspädagogik" ist zu Recht in Misskredit geraten, wenn darunter allein verstanden wird, dass Babys und Kleinkinder zwar beaufsichtigt und versorgt, ansonsten aber „klein gehalten" werden, sodass sie nach heutigem Verständnis unterfordert sind. Aber was heißt „Betreuung" im eigentlichen Sinne?

Betreuung
- meint die umfassende Sorge für das leibliche und seelische Wohl und das Wohlbefinden der Kinder, Zeit für Kinder, Aufmerksamkeit für ihre Signale und Bedürfnisse, Zuwendung und Anerkennung
- ist Antwort auf die anthropologische Tatsache, dass Kinder, um überleben und im Lebenslauf ihre Anlage entwickeln zu können, auf den Schutz, die Pflege, Zuwendung und Sorge erwachsener Bezugspersonen angewiesen sind
- ist integraler Bestandteil von Erziehung (vgl. Liegle 2008, S. 100f.).

Betreuung ist mehr als Versorgung. Sie weist auf Beziehungsqualität hin, auf empfundene Sicherheit und den davon abhängigen Zustand des Wohlbefindens, der es jungen Kindern ermöglicht, Bildungsbestrebungen in Form von „Exploration" zu entwickeln – sei es für sich allein oder mit Assistenz durch vertraute Erwachsene.

> Die Beziehungsqualität ist grundlegende Voraussetzung für ein Gelingen von Bildung, Erziehung und Betreuung in den ersten Lebensjahren im Sinne des Kindeswohls.

2. Bindung – früheste Voraussetzung für Entwicklung und Bildung

2.1 Bindung und Exploration gehören zusammen

John Bowlby, der Begründer der Bindungstheorie, ging als Erster von der Annahme aus, dass der Mensch von Geburt an mit zwei grundlegenden Verhaltenssystemen ausgestattet ist, die sein Überleben und das seiner Art sichern (Bowlby 1987/2003). Diese beiden Verhaltenssysteme sind das Bindungsverhaltenssystem und das Explorationsverhaltenssystem.

Das erste System ermöglicht es dem Kind von Geburt an, Bindungsverhalten gegenüber einer oder einigen wenigen Personen zu zeigen. Dabei ist das Kind aktiv und hat die Initiative bei der Bildung von Bindung. Es bindet sich nicht nur an die Bezugsperson, die es füttert und seine leiblichen Bedürfnisse befriedigt, sondern auch an andere Personen, die mit ihm spielen und interagieren (Ainsworth 1964/2003). In den ersten Lebensmonaten zeigen Säuglinge einfach strukturierte Verhaltensmuster wie Weinen, Nähesuchen und Anklammern. Das Bindungsverhalten wird im Laufe des ersten Lebensjahres zunehmend komplexer.

<small>Das Bindungsverhaltenssystem</small>

Durch Fremdheit, Unwohlsein oder Angst wird das Bindungssystem ausgelöst, und die Erregung wird durch Wahrnehmung der Bindungsperson – durch Nähe, liebevollen Körperkontakt und Interaktion mit ihr – beendet. Die meisten Kinder entwickeln in den ersten neun Lebensmonaten Bindungen gegenüber Personen, die sich dauerhaft um sie kümmern. Auch wenn das Kind zu mehreren Personen Bindungsbeziehungen entwickelt, sind diese eindeutig hierarchisch geordnet: Das Kind bevorzugt eine Bindungsperson vor den anderen. Hat ein Kind eine Bindung zu einer bestimmten Person aufgebaut, kann diese nicht ausgetauscht werden. Längere Trennungen oder gar der Verlust dieser Bindungsfigur führen zu schweren Trauerreaktionen und großem seelischen Leid.

Neben dem Bindungsverhaltenssystem gibt es ein komplementäres Explorationsverhaltenssystem, das die Grundlage für die Erkundung der Umwelt bietet. Explorationsverhalten ist jede Form der Auseinandersetzung mit der Umwelt und damit die verhaltensbiologische Grundlage von Lernen. Die Erkundung der Umwelt ist Voraussetzung für das Überleben, weil nur durch eine aktive Auseinandersetzung mit der Umwelt Gefahren erkannt und Nahrungsquellen gefunden werden können. Bowlby hat als Erster das Explorationsverhaltenssystem mit dem Bindungsverhaltenssystem in Zusammenhang gebracht. Er postuliert nicht nur, dass das Kind von Geburt an mit beiden Verhaltenssystemen ausgestattet ist, die jeweils durch Mangel aktiviert und durch Sättigung beruhigt werden. Beide Systeme sind komplementär und interdependent. Wenn das Bindungsverhaltenssystem aktiviert wird, dann kann das Explorationssystem nicht aktiviert werden.

<small>Das Explorationsverhaltenssystem</small>

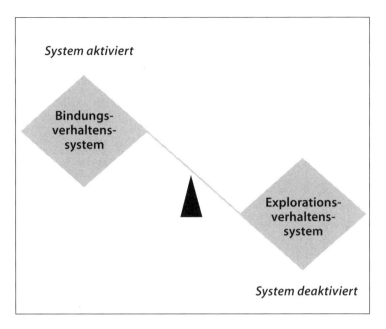

Die Balance von Bindungs- und Explorationsverhaltenssystem

Ein Kind kann nur dann Explorationsverhalten zeigen – sich z. B. für neues Spielzeug interessieren –, wenn sein Bindungsverhaltenssystem beruhigt ist. Hat das Baby zu einer Person eine Bindung aufgebaut, kann es von dieser aus seine Umwelt erkunden.

Kommt das Kind dann bei seinen Erkundungsversuchen in eine Überforderungssituation (Erschrecken, Angst, Müdigkeit, Schmerz, Hunger, Unwohlsein), wird sein Bindungsverhalten aktiviert und es wird zur „sicheren Basis" der Bindungsperson zurückkehren. Dort gewinnt das Kind meist über Körperkontakt seine emotionale Sicherheit wieder. Das Bindungsverhaltenssystem beruhigt sich und das Explorationsverhaltenssystem wird wieder aktiviert, sodass das Kind sich von seiner „sicheren Basis" lösen und der Erkundung der Umwelt zuwenden kann. Wie flexibel das Kind die Balance zwischen diesen beiden Verhaltenssystemen gestalten kann, und wie bedürfnis- und situationsangemessen es sich dabei verhält, hängt stark von den elterlichen Reaktionen auf das kindliche Verhalten ab.

Verhalten des Kindes gegenüber der Bindungsperson
Beim Kind können eine Reihe von Verhaltensmustern beobachtet werden, die Ausdruck für seine Bindung an eine bestimmte Person (meist die Mutter) sind (Ainsworth 1964/2003). Die Signale des Kindes und seine Orientierung oder Bewegung dienen dazu, die Nähe zu ihr herzustellen. Dazu gehört das differenzierende Weinen: Das Baby weint, wenn es von jemandem anderen gehalten wird und hört sofort damit auf, sobald es die Mutter aufnimmt. Das differenzierende Lächeln und Vokalisieren bedeutet, dass das Baby diese Signale in der Interaktion mit der Mutter deutlich mehr sendet als im Kontakt zu anderen Personen. Schließlich gehört auch das Weinen dazu, wenn die Mutter weggeht. Ist das Baby nicht bei der Mutter, befindet sich aber in ihrem Gesichtsfeld, kann die visuell-motorische Orientierung in Richtung der Mutter beobachtet werden. Jede Annäherung – Hinbewegen, Nachfolgen, Klammern – sind ebenfalls Ausdruck von Bindungsverhalten. Dasselbe gilt für das Begrüßungsverhalten – gerichtetes Anlächeln, die Arme zum Grüßen heben, in die Hände klatschen und freudige Laute äußern – nach einer Trennung von der Bindungsperson.

2.2 Wie entwickelt sich Bindung im ersten, zweiten und dritten Lebensjahr?

Die meisten Kinder entwickeln in den ersten neun Lebensmonaten Bindungen gegenüber Personen, die sich dauerhaft um sie kümmern. Die Bindung entwickelt sich in vier Phasen, die sich teilweise überlappen und fließende Übergänge aufweisen (Ainsworth 1978/2003):
- **Erste Phase** der „vorbereitenden Anhänglichkeit" (0 – 3 Monate): Das Baby zeigt Orientierung und Signale ohne

Unterscheidung der Person und unterschiedslose Ansprechbarkeit auf alle Personen.
- **Zweite Phase** der „entstehenden Bindung" (3 – 6 Monate): Das Baby zeigt Orientierung und Signale, die sich auf eine oder mehrere besondere Person(en) richten und differenzierende Ansprechbarkeit auf die Mutter, wobei die Ansprechbarkeit auf andere Personen fortbesteht.
- **Dritte Phase** der „ausgeprägten Bindung" (6 – 12 Monate): Das Baby versucht die Nähe zu bestimmten Personen durch Fortbewegung, Signale und Kommunikation aufrechtzuerhalten. Es zeigt jetzt eine scharf definierte Bindung an die Mutter mit auffallender Verminderung der Freundlichkeit gegenüber anderen Personen.
- **Vierte Phase** der „zielkorrigierten Partnerschaft" (12 – 36 Monate): In dieser Phase entwickelt das Kind die Fähigkeit, Ziele und Pläne einer anderen Person zu verstehen und von den eigenen zu unterscheiden. Das Kind versucht, Pläne und Absichten der Partner durch „zielkorrigiertes" Verhalten mit den eigenen in Einklang zu bringen.

Bindungsentwicklung und „Fremdeln"

Schon während der dritten Phase können Bindungen an eine oder mehrere bekannte Personen über die Mutter hinaus beobachtet werden. Babys, die an die Pflege durch eine andere Person als die Mutter gewöhnt sind, verlieren die Toleranz gegenüber einer solchen Pflege nie vollständig, obwohl sie vielleicht anfänglich gegen den Weggang der Mutter protestieren. Sehr kurz nachdem das Baby eine klare Bindung an die Mutter zeigt, beginnt es vor allem durch Grußreaktionen eine Bindung an andere Personen, oftmals an den Vater, zu zeigen. Nachdem Unterscheidungsfähigkeit und Bindung an andere Figuren als die Mutter auftreten, zeigen manche Babys Angst vor Fremden. Die Beobachtungen von Mary Ainsworth legen nahe, dass die Bindung an andere Personen meist sehr schnell auf die Bindung an die Mutter folgt – vorausgesetzt, das Kind hat Gelegenheiten, mit anderen Personen außer seiner Mutter zu interagieren. Bereits kurz nachdem das Kind eine spezifische Bindung an seine Mutter entwickelt, fängt es an, seine Fähigkeit zur Bindung auf andere Personen auszudehnen – auf den Vater, auf andere Erwachsene oder auf ältere Geschwister. Zur gleichen Zeit, in der die Bindung an die Mutter in Tiefe und Stärke wächst, wird die generelle Fähigkeit zur Bindung umfassender (Ainsworth 1978/2003, S. 110). Bindungsbeziehungen, die das Kind nach der ersten Bindungsbeziehung entwickelt, sind dieser nachgeordnet. Die primäre Bindungsperson bleibt auch dann die wichtigste Person im Leben eines Kindes.

Feinfühligkeit als Voraussetzung für sichere Bindungen
Während das kindliche Verhalten durch das Bindungs- und Explorationssystem gesteuert ist, wird das elterliche Verhalten gegenüber dem Kind durch das Pflegeverhaltenssystem beeinflusst. Wie Eltern auf die Bindungs- und Explorationsbedürfnisse ihres Kindes reagieren, ist sehr unterschiedlich und hängt weitgehend mit ihren eigenen Kindheitserfahrungen zusammen. Das mütterliche Antwortverhalten kann als Feinfühligkeit beschrieben werden (Ainsworth 1978/2003). Feinfühligkeit von Bindungspersonen gegenüber den Signalen des Kindes bedeutet, sich in seine Lage versetzen zu können und es als eigenständige Person mit eigenen Bedürfnissen und Absichten anzuerkennen. Feinfühliges Verhalten gegenüber einem Kleinkind ist die Voraussetzung für den Aufbau einer emotional vertrauensvollen und tragfähigen Beziehung und beinhaltet, die Signale des Kindes wahrzunehmen, richtig zu interpretieren und prompt sowie angemessen darauf zu reagieren.

Das Pflegeverhaltenssystem

Kinder fordern die Feinfühligkeit ihrer Eltern in unterschiedlicher Weise heraus: Schon Neugeborene unterscheiden sich deutlich in ihrer Fähigkeit, sich zu orientieren und zu regulieren. Während manche Babys schnell herausfinden, wie sie saugen müssen, um Nahrung aufzunehmen, brauchen andere viel Unterstützung und Anleitung, bis es mit dem Stillen klappt. Einige Neugeborene lassen sich auch durch unangenehme Reize und laute Geräusche nicht aus der Ruhe bringen, während andere dadurch in großen Stress geraten und sich nur durch

ausgiebiges Trösten und Besänftigen wieder beruhigen lassen. Für diese offensichtlichen Temperamentsunterschiede gibt es eine Vielzahl an zusammenwirkenden Erklärungen, die sowohl in der Veranlagung des Kindes als auch im Verlauf der Schwangerschaft und Geburt liegen können (vgl. Grossmann et al. 1985; Zimmermann & Spangler 2008). Diese unterschiedlichen Verhaltensdispositionen wirken sich auch auf die Bindungsentwicklung aus.

Kinder, die schon als Neugeborene leicht irritierbar und wenig orientierungsfähig sind, entwickeln eher unsichere Bindungen an ihre Eltern. Bekommen die Eltern von sehr irritierbaren Kindern Unterstützung in Form eines Feinfühligkeitstrainings, erhöht sich langfristig nicht nur ihre Feinfühligkeit, sondern auch die Wahrscheinlichkeit einer sicheren Bindung (van den Boom 1994).

Die väterliche Feinfühligkeit spielt für eine sichere Exploration eine ebenso bedeutende Rolle wie die mütterliche Feinfühligkeit für eine sichere Bindungsorganisation (Kindler & Grossmann 2004). Das Konzept der „feinfühligen Herausforderung im Spiel" geht davon aus, dass der erwachsene Spielpartner in seiner Interaktion mit dem Kind nicht nur feinfühlig auf die Bindungsbedürfnisse des Kindes eingeht, sondern ebenso dessen Neugier, Exploration und Tüchtigkeit unterstützt und fördert. Feinfühlige Unterstützung kindlicher Exploration ist der Bereich, von dem aus sich väterliche Einflüsse auf zentrale Aspekte der sozialemotionalen und Bindungsentwicklung über Zeiträume bis zum 22. Lebensjahr entfalten. Eine gesunde Entwicklung benötigt sowohl die Sicherheit der Bindung als auch die Sicherheit der Exploration.

Sichere und unsichere Bindungsbeziehungen

Eine feinfühlige Bezugsperson stellt für das Kind eine sichere Basis dar, von der aus es seine Umwelt erkunden und bei Angst oder Unwohlsein zu ihr zurückkehren kann. Ausgehend von diesem Konzept entwickelten Ainsworth und Mitarbeiter (Ainsworth et al. 1978) eine standardisierte Forschungssituation, in der die Balance zwischen Bindung- und Explorationsverhalten von Kleinkindern beobachtet werden kann. In der so genannten „Fremden Situation" werden Bindungsperson und Kind in einen mit Spielsachen ansprechend eingerichteten Raum gebracht. Während zwei kurzer Trennungen, bei denen auch eine fremde Person den Raum betritt, wird das interaktive Verhalten des Kindes erfasst. Dabei wird darauf geachtet, ob das Kind die Bindungsperson als sichere Basis nutzen kann, von der aus es den fremden Raum und die Spielsachen erkundet. Es wird darauf geachtet, wie das Kind auf die fremde Person reagiert – und vor allem, wie es sich während der kurzen Trennungen verhält und ob es die zurückkommende Bindungsperson dann wieder als „sichere Basis" wahrnimmt. Hierbei werden drei Bindungsverhaltensstrategien unterschieden: „Sicher" (Muster B), „Unsicher-vermeidend" (Muster A) und „Unsicher-ambivalent" (Muster C).

Die „Fremde Situation"

Kinder mit einer „sicheren" Strategie zeigen in der „Fremden Situation" eine ausgewogene Balance zwischen Bindungs- und Erkundungsverhalten, nutzen ihre Bindungsperson als sichere Basis und erkunden von ihr aus die neue Umgebung. Bei Trennungen reagieren sie mit deutlichem Bindungsverhalten und suchen aktiv die Nähe der zurückkommenden Bindungsperson, bei der sie angemessen und prompt Beruhigung und Trost erfahren, sodass sie unmittelbar anschließend wieder explorieren können.

Bindungsverhaltensstrategien

Die „unsicher-vermeidende" Strategie ist gekennzeichnet durch ein ausgeprägtes Explorationsverhalten während der gesamten Situation, in der aber kaum Bindungsverhalten auftritt. Die Trennungen von der Bezugsperson werden von den Kindern scheinbar kaum wahrgenommen. Auf die Rückkehr der Bezugsperson reagieren sie mit Ignorieren und deutlichem Vermeiden von Nähe.

Kinder mit einer „unsicher-ambivalenten" Strategie zeigen im Gegensatz zum Muster A starkes Bindungsverhalten, aber kaum Explorationsverhalten. Schon die Anwesenheit einer fremden Person beunruhigt sie sehr. Die Trennung von der Bindungsperson stellt eine starke Belastung für sie dar. Obwohl die Kinder intensives Bindungsverhalten zeigen, können sie aus der Nähe zur Bindungsperson keine Sicherheit gewinnen, sodass ihr Explorationsverhalten nicht wieder aktiviert wird.

Es gibt Kinder, die keine klare Verhaltensstrategie, sondern Zeichen von Desorientierung und Desorganisation zeigen. Sie werden einer eigenen Gruppe zugeordnet (Main & Solomon 1990). Kinder mit solchen „D"–Merkmalen unterscheiden sich in ihrem Verhalten und auch in der Organisation ihrer Aufmerksamkeit. Für dieses Verhalten sind bedeutsame Zusammenhänge zu ungelöster Trauer der Mutter und Gewalt in Beziehungen gefunden worden (Lyons-Ruth & Jacobvitz 1999).

Physiologische Unterschiede zwischen den vier Bindungskategorien

Auch auf physiologischer Ebene konnten Unterschiede zwischen den vier Bindungskategorien gefunden werden: Kinder aus den Gruppen A und D zeigen während der „Fremden Situation" einen Anstieg des Cortisolspiegels. Das weist darauf hin, dass auch die ruhig scheinenden, vermeidenden Kinder die „Fremde Situation" als belastend erleben und sowohl die von ihnen gezeigte vermeidende Verhaltensstrategie als auch das Fehlen einer Strategie eine Bewältigung der stressvollen Situation verhindern (Spangler & Grossmann 1993).

Das Verhalten der Kinder in der „Fremden Situation" steht im Zusammenhang mit dem Verhalten der Mütter (Ainsworth et al. 1978/2003; Grossmann et al. 1985). Mütter von sicher gebundenen Kindern zeigen die höchste Feinfühligkeit. Diese Kinder konnten vorwiegend die Erfahrung machen, dass auf ihre Signale prompt und angemessen reagiert wird. Bei Kummer oder Angst können sie Trost und Beruhigung von ihrer Mutter erwarten. Im Gegensatz dazu haben Kinder, die in der „Fremden Situation" eine vermeidende Bindungsstrategie zeigen, eher Mütter, deren Verhalten weniger feinfühlig ist. Vor allem auf die negativen Gefühlsäußerungen ihrer Kinder reagieren sie eher mit Zurückweisung. Kinder mit unsicher-vermeidendem Verhalten haben gelernt, ihre negativen Gefühle nicht zu zeigen, um die Nähe zur Bindungsperson nicht durch eine mögliche Zurückweisung zu gefährden. Die Mütter von Kindern mit unsicher-ambivalenter Bindungsstrategie sind in ihrer Feinfühligkeit inkonsistent. Diese Kinder haben die Erfahrung gemacht, dass ihre Bindungsperson für sie nur unvorhersehbar verfügbar ist und sie sich nicht darauf verlassen können, dass ihre Signale wahrgenommen werden.

Bindungsqualität bei Kleinkindern (12 – 18 Monate) in der „Fremden Situation"			
Sicher (B)	Unsicher-vermeidend (A)	Unsicher-ambivalent (C)	Unsicher-desorganisiert/desorientiert (D)
Ausgewogene Balance zwischen Bindungs- und Explorationsverhalten	Überwiegen des Explorationsverhaltens auf Kosten des Bindungsverhaltens	Überwiegen des Bindungsverhaltens auf Kosten des Explorationsverhaltens	Bestehende Bindungsstrategien werden durch bizarre Verhaltensweisen unterbrochen und/oder überlagert, z. B. durch widersprüchliche Verhaltensweisen (Nähe suchen und gleichzeitig vermeiden)
Offene Kommunikation auch negativer Gefühle gegenüber der Bindungsperson	Verbergen oder Unterdrücken negativer Gefühle gegenüber der Bindungsperson	Unbeherrschte Mischung aus Angst und Ärger, weil das Kind die Zuwendung der Bindungsperson nicht steuern kann	
Sicherheitsgewinn aus der Nähe zur Bindungsperson: Das Kind findet genügend Sicherheit, um wieder explorieren zu können	Distanz zur Bindungsperson bei Leid aus Furcht vor Zurückweisung Sicherheitsgewinn aus der Nähe zur Bindungsperson wird über Umwege erreicht	Untröstbare Verzweiflung bei Trennung, aber auch kaum Beruhigung und kein Sicherheitsgewinn durch Wiedervereinigung	Anzeichen von Angst vor der Bindungsperson Erstarren, Einfrieren von Bewegungen Anzeichen von Desorganisation (zielloses Umherwandern) Stereotypien (hin- und herschaukeln)

Kinder, die in der „Fremden Situation" desorganisiertes Verhalten zeigen, weisen bereits als Neugeborene eine geringere Orientierungsfähigkeit und emotionale Regulationsfähigkeit auf. Ihre Mütter unterscheiden sich aber in ihrer Feinfühligkeit nicht von den anderen (Zimmermann & Spangler 2008). Andere Untersuchungen finden Zusammenhänge zwischen unverarbeiteten Traumatisierungen aufseiten der Mütter und Desorganisation der Kinder (Main & Solomon 1990). Kinder, die Vernachlässigung, Misshandlung oder Missbrauch erleiden, zeigen fast immer deutliche Anzeichen von Desorganisation und Desorientierung (Lyons-Ruth & Jacobvitz 2008).

Elterliche Feinfühligkeit und sichere Bindungserfahrungen
Kinder, die von Geburt an die Erfahrung machen, dass ihre Äußerungen sofort beantwortet und verstanden werden, lernen, dass sie sich bei Unwohlsein auf ihre Hauptbezugspersonen verlassen können. Sie lernen, dass sie selbst etwas bewirken können und es wert sind, dass auf ihre Bedürfnisse eingegangen wird. Diese Kinder entwickeln Vertrauen in sich und in andere. Sie verinnerlichen die Erfahrung, dass sie liebenswert und liebensfähig sind und von erfahreneren Bezugspersonen Hilfe erhalten, wenn sie selbst an ihre Grenzen stoßen (Grossmann & Grossmann 2004). Schon in der frühen Kindheit zeigen sich bei Kindern mit sicherer Mutterbindung höhere soziale Kompetenzen als bei denjenigen mit unsicherer Mutterbindung. Bereits am Ende des ersten Lebensjahres zeichnen sich sicher gebundene Kinder durch subtilere und vielfältigere Kommunikationsfähigkeiten aus. Im Alter von zwei Jahren sind sie in Problemlösesituationen eher in der Lage, auf soziale Ressourcen (z.B. die Unterstützung durch die Mutter) zurückzugreifen. Im Kindergarten wurde bei sicher gebundenen Kindern weniger aggressives bzw. feindseliges Verhalten gegenüber anderen Kindern und weniger emotionale Isolation und Abhängigkeit von den Erzieherinnen beobachtet. Sicher gebundene Kinder zeigen mehr Kompetenz im Umgang mit anderen Kindern, eine positivere Wahrnehmung von sozialen Konfliktsituationen und sind konzentrierter beim Spiel. Sicher gebundene Kinder verfügen im Schulalter über eine höhere Ich-Flexibilität – die Fähigkeit, Gefühle und Impulse situationsangemessen zu regulieren. Sie sind eher in der Lage, die Kontrolle und Modulation von Impulsen, Bedürfnissen und Gefühlen

Ich-Flexibilität

dynamisch an situative Erfordernisse anzupassen. Kinder mit einer hohen Ich-Flexibilität können sich in einer Gruppensituation zurücknehmen und warten, bis sie an der Reihe sind. Sie können mit Niederlagen umgehen und bei Konflikten mit anderen Kindern einen Kompromiss finden (Grossmann et al. 2003).

2.3 Von der Mutter-Kind-Bindung zur Erzieherin-Kind-Beziehung

Eine individuelle Eingewöhnung, in der die Eltern, das Kind und die Erzieherin den Übergang gemeinsam gestalten und bewältigen, ist die Voraussetzung für die Erzieherin-Kind-Beziehung. Darüber hinaus tragen auch die anderen Kinder in der Einrichtung zur Übergangsbewältigung bei.

Wurden die Kinder früher am ersten Tag in der Einrichtung einfach abgegeben, so wird heute die Gestaltung der Eingewöhnung als entscheidend für die weitere „Karriere des Kindes in außerfamiliärer Betreuung" betrachtet. Die Eingewöhnung ist ein Qualitätsstandard und wird über einen individuellen Zeitraum von einer bis vier Wochen elternbegleitet, bezugspersonenorientiert und abschiedsbewusst durchgeführt (Haug-Schnabel & Bensel 2006). Elternbegleitet heißt, dass das Kind in Anwesenheit und Begleitung seiner wichtigsten Bezugsperson die fremde Umgebung der Kindertageseinrichtung und seine Bezugserzieherin kennen lernen kann. Mutter oder Vater dienen dem Kind als sichere emotionale Basis, von der aus es dieses neue Umfeld erkunden kann. Die Bezugserzieherin widmet sich in dieser Eingewöhnungsphase ganz dem neuen Kind und versucht eine vertrauensvolle Beziehung zu ihm aufzubauen. So kann sie selbst zu einer sicheren Basis für das Kind werden. Es gibt einen klaren Abschied, zu dem bald das verinnerlichte Vertrauen auf die Rückkehr der Mutter oder des Vaters gehört.

Ziel einer behutsamen Eingewöhnung ist es, dass das Kind – ausgehend von der sicheren Basis seiner primären Bindungsfigur – die zunächst fremde Umgebung der Kindertageseinrichtung

Behutsame Eingewöhnung

kennen lernen und zu seiner Bezugserzieherin Vertrauen fassen kann. Ein deutliches Anzeichen von gelungener Eingewöhnung ist, wenn das Kind aktiv bei seiner Erzieherin Trost sucht und findet (Ahnert 2006/2007b). Auch im Gruppengeschehen kann beobachtet werden, wie sich Kleinkinder in misslichen und belastenden Situationen ihren Betreuungspersonen zuwenden, um sich trösten zu lassen und Sicherheit zu gewinnen. Diese Beziehungen können als Erzieherin-Kind-Bindungen gelten. Erzieherin-Kind-Bindungen sind aber weder durch die Qualität der Mutter-Kind-Bindung festgelegt, noch können sie die Beziehung zur Mutter ersetzen. Sie scheinen funktionell zunächst auf die Betreuungssituationen in der Krippe beschränkt zu bleiben.

Sichere Erzieherin-Kind-Bindungen entstehen in Kindergruppen, in denen die Gruppenatmosphäre durch ein empathisches Erzieherverhalten bestimmt wird, das gruppenbezogen ausgerichtet ist und die Dynamik in der Gruppensituation reguliert. Dieses Erzieherverhalten bildet sich insbesondere in kleinen und stabilen Gruppen aus (Ahnert 2006/2007b).

Eigenschaften der Erzieherin-Kind-Beziehung

Die Beziehungen zwischen dem Kind und der Erzieherin werden durch fünf Eigenschaften beschrieben, die neben zuwendenden, sicherheitsgebenden und Stress reduzierenden Aspekten auch Unterstützung und Hilfen beim kindlichen Erkunden und Erwerb von Wissen einschließen (vgl. Booth et al. 2003; Ahnert 2006/2007b):

1. **Zuwendung:** Eine liebevolle und emotional warme Kommunikation ist die Grundlage einer Bindungsbeziehung, bei der das Kind und die Erzieherinnen Freude am Zusammensein und an einer gemeinsamen Interaktion haben.
2. **Sicherheit:** Kinder spielen intensiver und erkunden ihre Umwelt aufgeschlossener, wenn die Erzieherinnen bei diesen eigenaktiven Tätigkeiten des Kindes verfügbar bleiben.
3. **Stressreduktion:** Befindet sich das Kind in einer misslichen Lage, wird es Trost und Unterstützung suchen. Mit dem Ziel, den Stress zu mildern, helfen Erzieherinnen dem

Kind, seine negativen Emotionen zu regulieren, Irritation und Ängste zu überwinden und zu einer positiven emotionalen Stimmungslage zurückzukehren.
4. **Explorationsunterstützung:** Das eigenständige Erkunden entwickelt sich insbesondere dann, wenn das Kind bei Unsicherheiten und Angst zu den Erzieherinnen zurückkehren oder sich rückversichern kann. Eine Erzieherin wird das Kind gleichzeitig zu neuem Erkunden ermutigen.
5. **Assistenz:** Gelangt das Kind bei schwierigen Aufgaben an die Grenzen seiner Handlungsfähigkeit, braucht es zusätzliche Informationen und Unterstützung. Besteht eine sichere Erzieherin-Kind-Bindung, sucht das Kind diese Hilfen vorrangig bei dieser Bindungsperson.

Hat das Kind zu seiner Bezugserzieherin eine Beziehung oder sogar eine Bindungsbeziehung aufgebaut, bevorzugt es sie vor anderen Betreuungspersonen in der Kindertageseinrichtung. Es sucht die Nähe der Bezugserzieherin und kann bei ihr Sicherheit finden. Damit hat das Kind ein lang anhaltendes, gefühlsmäßiges Band aufgebaut und kann durch den plötzlichen Verlust dieser Bezugsperson sehr belastet werden. Längere Trennungen durch Krankheit, Urlaub, Mutterschaft – vor allem endgültige Trennungen durch Arbeitsplatzwechsel der Erzieherin – stellen für das Kind eine große emotionale Belastung dar. Ein wiederholter Verlust von Bezugspersonen kann die Bereitschaft des Kindes, eine vertrauensvolle Beziehung zu einer Erzieherin aufzubauen, stark beeinträchtigen. Sowohl für das Kind als auch für seine Bezugserzieherin ist ein bewusster und feinfühliger Umgang mit Trennungen und Abschieden wichtig. Genauso, wie der Übergang von der Familie in die Kindertageseinrichtung geplant und gestaltet wird, sollte auch der Abschied beim Übergang von der Krippe in den Kindergarten gemeinsam geplant und bewusst begangen werden. Ein gelungener Abschied ermöglicht dem Kind die Aufnahme neuer Beziehungen. Die Erzieherin kann sich für die nachrückenden Kinder öffnen und auf die kommenden Beziehungen einlassen.

Die Rolle der Bezugserzieherin

2.4 Feinfühligkeit, Stressreduktion und Explorationsunterstützung – Aufgaben der pädagogischen Fachkräfte

Eine tragfähige Erziehungspartnerschaft ist die Voraussetzung für die behutsame Planung und Durchführung der Eingewöhnungszeit und die tägliche Kommunikation mit den Eltern. Sie möchten jeden Tag erfahren, wie es ihrem Kind ergangen ist. Unter Dreijährige können sich noch nicht ausreichend äußern – die Eltern sind auf die Informationen durch die sozialpädagogischen Fachkräfte tagtäglich angewiesen.

Für die außerfamiliäre Betreuung in den ersten Lebensjahren sind in erster Linie die Qualität der Betreuungssituation, das Alter des Kindes, in dem die Betreuung beginnt, und die Dauer der außerfamiliären Betreuung entscheidend.

Es ist nicht Aufgabe der Erzieherinnen, die Bindungsqualität zwischen einem Kind und seinen Bezugspersonen zu beurteilen. Für die Arbeit mit dem Kind ist es wichtig, dass die Erzieherin auf jedes der ihr anvertrauten Kinder offen und feinfühlig zugeht, sich Zeit nimmt, seine Signale zu verstehen und die für dieses Kind angemessene Reaktion darauf zu geben. Voraussetzung für den Aufbau einer vertrauensvollen Beziehung zu dem Kind ist eine stetige, feinfühlige Zuwendung durch seine Bezugserzieherin.

Im ersten Lebensjahr – Beziehungsaufbau durch liebevolle Pflege
Säuglinge brauchen eine intensive, kontinuierliche Zuwendung und Betreuung durch eine ihnen vertraute Person. Da Babys in den ersten Monaten noch sehr kurze Schlaf- und Wachphasen haben und häufig Durst oder Hunger bekommen, wird ihr Bindungsverhaltenssystem in schnellen Abständen durch Müdigkeit, Aufwachen, Hunger, Durst oder Verdauungsbeschwerden aktiviert (vgl. Grossmann & Grossmann 1998). Ein Baby benötigt im Verlauf eines Tages – häufig und in kurzen Abständen – individuelle fürsorgliche Zuwendung durch seine ihm vertraute Bezugsperson. Es ist auf die unmittelbare und prompte Beantwortung seiner Signale angewiesen. Säuglinge erfahren Trost und

Beruhigung ihres Bindungsverhaltenssystems am besten durch die körperliche Nähe zu ihrer Bezugsperson. Die liebevolle Pflege eines Säuglings ist in einer Kindertageseinrichtung nicht leicht zu realisieren, da die Erzieherin immer nur ein Baby in den Arm nehmen, wickeln, füttern oder trösten kann. Eine kontinuierliche, feinfühlige Pflege im ersten Lebensjahr kann in der Tagespflege möglicherweise besser umgesetzt werden.

Da das Kind im ersten Lebensjahr Bindungsbeziehungen aufbaut, sollte die außerfamiliäre Betreuung pro Tag nicht mehr als vier bis fünf Stunden betragen. So bleibt für die intensive Zuwendung durch die Eltern während der Wachzeit genügend Raum.

Im zweiten Lebensjahr – Umgang mit Fremdeln, aggressivem Verhalten und negativen Gefühlen
Die Nachfrage nach Krippenplätzen hat sich auch aufgrund der Elternzeit in das zweite Lebensjahr der Kinder verschoben. Die meisten Eltern suchen einen Betreuungsplatz für ihr 12 oder 14 Monate altes Kind. Entwicklungspsychologisch ist das ein sensibler Zeitpunkt: Einerseits hat sich die Bindung zu den Eltern gefestigt, andererseits liegt dieser Moment bei vielen Kindern in der „Fremdelphase". In dieser Phase wird das Bindungsverhaltenssystem durch fremde Personen oder auch durch fremde Umgebungen sehr schnell aktiviert. Das Kind braucht den Körperkontakt zur Mutter, um sich wieder beruhigen zu können, und die Gewissheit, dass sie verlässlich verfügbar ist. Eine sanfte Eingewöhnung, die durchaus länger als bei einem Säugling dauern kann, ist hier besonders wichtig. Gerade am Beginn des zweiten Lebensjahres ist die Balance zwischen Bindung und Exploration noch sehr labil: Kinder in diesem Alter brauchen eine zuverlässige sichere Basis, von der aus sie ihre Umwelt erkunden können. Wenn das Kind seine Bezugserzieherin als sichere Basis angenommen hat, zeigen die Toddler eine ausgeprägte Explorationsfreude, bei der sie jedoch auch schnell wieder an ihre Grenzen kommen und Sicherheit im Körperkontakt suchen.

Nicht nur die Ambivalenz zwischen Bindungs- und Explorationsverhalten wird von der Erzieherin aufgefangen. Zweijährige brauchen auch Hilfe, um mit ihren negativen Gefühlen – mit Wut, Ärger, Eifersucht und Neid – umzugehen. Im Alter von zwei Jahren zeigen Kinder am meisten aggressives Verhalten gegenüber anderen, um eigene Ziele durchzusetzen. Genauso wie die Bindungspersonen muss die Bezugserzieherin dem Kind helfen, mit seinen heftigen negativen Gefühlen zurechtzukommen. Kinder, die durch ihre Bezugspersonen eine kontinuierliche, feinfühlige Hilfe beim Umgang mit ihren starken negativen Emotionen bekommen, lernen schneller und besser, sich selbst zu beruhigen und mit ihren Gefühlen allmählich selber klarzukommen. Das feinfühlige Eingehen auf die Gemütslage des Kindes beinhaltet auch, dessen Gefühle zu benennen und gemeinsam mit ihm herauszufinden, was der Grund dafür ist. Das ist nur in einer vertrauensvollen Beziehung möglich, bei der die Erzieherin auch die Zeit und die Möglichkeit hat, sich dem Kind intensiv zuzuwenden.

Im dritten Lebensjahr – zielkorrigierte Partnerschaft, Explorationsunterstützung und Abschied

Mit zunehmendem Alter entwickeln sich beim Kind die sozialen und kommunikativen Kompetenzen. Im dritten Lebensjahr zeigen Kleinkinder die Fähigkeit, Ziele und Pläne einer anderen Person zu verstehen und von den eigenen unterscheiden zu können. Das Kind versucht Pläne und Absichten der Partner durch „zielkorrigiertes" Verhalten mit den eigenen in Einklang zu bringen. Besteht bereits eine vertrauensvolle Beziehung zwischen dem Kind und seiner Bezugserzieherin, werden die Bildungsbegleitung und die Explorationsunterstützung im Vordergrund stehen. Kinder, die im ersten und zweiten Lebensjahr in ihren Bindungsbeziehungen viel Empathie, Vertrauen und gemeinsames Engagement erfahren haben, zeigen eine große Bereitschaft auf Angebote und Aufforderungen engagiert einzugehen (Rauh 2008). Gleichzeitig geraten Kleinkinder im dritten Lebensjahr noch oft in Überforderungssituationen, weil das „Wollen" und das „Können" nicht zusammenpassen – ebenso wie das Denken und Fühlen. In diesem Alter brauchen Kleinkinder immer noch verlässliche emotionale Unterstützung durch ihre Bezugspersonen. Zu heftigen Gefühlsausbrüchen kommt es, wenn das Kind in der Durchführung seiner Handlung gestoppt oder behindert wird. Es hat sich vor Beginn der Handlung sein Ziel vorgestellt, ist emotional und motivational stark engagiert, verfügt aber noch nicht über die Möglichkeit, sich Alternativen zu überlegen. Hier bricht für das Kind „die Welt zusammen". In dieser Situation braucht es zunächst Hilfe, um mit seinen Emotionen zurechtzukommen, und Unterstützung bei der Entwicklung von Handlungsalternativen (Heckhausen 1987, zit. n. Rauh 2008, S. 219).

Der Abschied von der Bezugserzieherin und von der Krippengruppe wird gemeinsam mit den Eltern geplant und vorbereitet – genauso wie die Eingewöhnung in die Krippe. Für das Kind und die Bezugserzieherin ist ein guter Abschied notwendig, um sich auf neue Beziehungen einlassen zu können.

Der Aufbau einer guten, stabilen Beziehungsqualität verlangt von den pädagogischen Fachkräften ein hohes Maß an persönlichem Engagement bei gleichzeitiger professioneller Distanz und Reflexion ihrer Rolle im Beziehungsnetz des Kindes. Die Beziehungsqualität stimmt, wenn jedes Kind die Angebote und Chancen der Tageseinrichtung für sich und seine weitere Entwicklung optimal nutzen kann.

3. Der Bildungsauftrag in Kindertageseinrichtungen

3.1 Der Anspruch auf Bildung in den ersten drei Lebensjahren

Im Jahr 2004 wurde ein Beschluss der Jugend- und Kultusministerkonferenz unter dem Titel „Gemeinsamer Rahmen der Länder für die frühe Bildung in Kindertageseinrichtungen" verabschiedet. In der Folge haben nach und nach alle Bundesländer die Grundsätze ihrer Bildungsarbeit in Bildungsplänen als Orientierungsrahmen für die pädagogische Arbeit in Kindertageseinrichtungen konkretisiert. Die Rahmenvereinbarung gibt vor: „Der Schwerpunkt des Bildungsauftrages liegt in der frühzeitigen Stärkung individueller Kompetenzen und Lerndispositionen, in der Erweiterung und Unterstützung sowie Herausforderung des kindlichen Forscherdrangs, in der Werteerziehung, in der Förderung das Lernen zu lernen und in der Weltaneignung in sozialen Kontexten."

Kinder sind von Geburt an hoch motivierte Lernende – auch Einrichtungen für Kinder vor Vollendung des dritten Lebensjahres verstehen sich als Bildungseinrichtungen. Für den Beginn von Bildung gibt es keine Altersgrenze. Allerdings sind Bildungspläne in der Frühpädagogik keine Lehrpläne – sie alleine garantieren noch keine qualitativ gute pädagogische Arbeit. Sie liefern einen Rahmen für eine, dem jeweiligen Alter angemessene Bildung, der als „Prozess der Weltaneignung oder Sinnkonstruktion, in dem das Kind und sein soziales Umfeld wechselseitig aufeinander Einfluss nehmen", beschrieben wird.

> Für den Beginn von Bildung gibt es keine Altersgrenze

Die Rahmenvorgaben für die Bildungspläne der Bundesländer betonen das Prinzip der „ganzheitlichen Förderung" und formulieren folgende Querschnittsaufgaben:
- Förderung, das Lernen zu lernen (lernmethodische Kompetenz)
- Entwicklungsgemäße Beteiligung von Kindern an den ihr Leben in der Einrichtung betreffenden Entscheidungen
- Interkulturelle Bildung
- Geschlechtsbewusste pädagogische Arbeit
- Spezifische Förderung von Kindern mit Entwicklungsrisiken und (drohender) Behinderung
- Förderung von Kindern mit besonderer Begabung.

Was bedeuten diese Vorgaben für die Praxis für Kinder in den ersten Lebensjahren? „Querschnittsaufgabe" heißt, dass diese Themen als Leitlinien für die Konzeption der pädagogischen Arbeit dienen – unabhängig davon, um welche Bildungsinhalte es im Einzelnen geht. Die Beachtung der Querschnittsaufgaben führt letztendlich zu einer pädagogischen Haltung, die bestimmend wird für die Interaktion mit jedem einzelnen Mädchen und Jungen, mit ihren Müttern und Vätern, für den (Bildungs-) Charakter der Einrichtung und die pädagogische Vorgehensweise.

Bildungspläne sind als dynamische Projekte zu verstehen. Sie entwickeln sich im Dialog von Wissenschaft und Praxis weiter. Für die Pädagogik der ersten Lebensjahre mögen Bildungspläne auf den ersten Blick befremden. Doch keines der genannten Bildungsthemen taucht erst nach dem dritten Geburtstag „schlagartig" auf: Die dialogische Bilderbuchbetrachtung steht im Zusammenhang mit Literacy-Erziehung. Das Tischdecken erfordert ein genaues Zuordnen und bereitet auf mathematische Grundkenntnisse vor. Musik, Bewegung und kreatives Gestalten in den ersten Lebensjahren weisen direkt auf die Anschlussfähigkeit von Bildungsprozessen hin. Die fachliche Auseinandersetzung mit Bildungsthemen beinhaltet immer auch die Reflexion der langfristigen Bedeutung frühpädagogischer Maßnahmen für die Bildungsbiografien der Kinder.

3.2 Schlüsselthemen – auch für frühe Bildungsprozesse

Die Motivation zum Lernen fördern

Lernen lernen müssen Kleinkinder nicht, sie können es bereits. Es geht vorrangig um die „Stärkung individueller Kompetenzen und Lerndispositionen, in der Erweiterung und Unterstützung sowie Herausforderung des kindlichen Forscherdrangs" (Gemeinsamer Rahmen der Länder für die frühe Bildung in Kindertageseinrichtungen 2004, S. 3). Hinter dieser Formulierung steht die Aufgabe der Aufrechterhaltung und Weiterentwicklung der Lernmotivation für das Lernen, die jungen Kindern zueigen ist. Die Selbstbestimmungstheorie von Deci & Ryan (2002; vgl. auch Krapp 2005) bietet mit der Betonung der psychischen Grundbedürfnisse „Autonomieerleben", „Kompetenzerleben" und „soziale Eingebundenheit" gute Leitprinzipien für die Förderung einer anhaltenden Motivation: Es geht darum, den nächsten Entwicklungsschritt zu machen, die nächste Entwicklungsaufgabe anzunehmen, Kompetenzen zu entwickeln – auch wenn dies Mühe kostet und mit Enttäuschungen verbunden sein kann.

Lernen lernen können Kinder von Anfang an

- **Autonomieerleben** bezieht sich auf die vom Kind wahrgenommene Ursache seines Verhaltens. Autonome Handlungen entsprechen den eigenen Vorstellungen und Interessen. Damit ist nicht eine völlige Unabhängigkeit gemeint, die z. B. keine Hilfeleistungen zulässt. Ein Kleinkind, das sich mit Begeisterung die Socken selbstständig immer wieder auszieht und sich von der Erzieherin immer wieder anziehen lässt (was es noch nicht selber kann), handelt autonom und erlebt sich als kompetent.
- **Kompetenzerleben** heißt, dass Menschen in sich selbst wahrnehmen, wie sie ihre Möglichkeiten ausnutzen und ihre Fähigkeiten ausdrücken können und dieses befriedigende Gefühl auch in neuen Herausforderungen suchen. Das meint nicht, dass ein Erwachsener einem Kind sagt, dass es etwas gut gemacht hat – bedeutet das Lob doch, dass von außen Kontrolle ausgeübt wird und ein Machtgefälle besteht. Statt eines Lobes kann die pädagogische Fachkraft die Freude über das Gelingen mit dem Kind teilen und differenzierte, positive Rückmeldungen geben.
- Der Wunsch nach **sozialer Eingebundenheit** steht auch bei Kindern in einem Spannungsverhältnis zu dem Bedürfnis nach persönlicher Autonomie – dem Wunsch, selbst gesetzte Ziele zu verfolgen. Als soziales Wesen möchte jeder Mensch „dazugehören". Er braucht Zuneigung und Anerkennung und möchte sie auch geben. Was passiert, wenn individuelle Interessen nicht mit den Erwartungen der Gruppe, der sich das Kind zugehörig fühlt, übereinstimmen? Kinder kommen dann den Aufforderungen ihrer sozialen Umgebung nach, wenn sie zu den betreffenden Menschen eine positive Beziehung haben. Die emotionale Verbindung führt dazu, dass sich Jungen und Mädchen mit ihren erwachsenen Verhaltensvorbildern und ihren Peers, deren Haltungen und Wertvorstellungen identifizieren. Kinder, die eine gute, stabile Beziehung zu einer Bezugserzieherin aufbauen konnten, haben weniger Disziplinierungsprobleme als diejenigen mit einer weniger guten Beziehungs-

qualität (Howes 2000). Das Streben nach Autonomie und Kompetenz verwirklichen Kinder im Rahmen der sozialen Regeln ihres Umfeldes.

Die Befriedigung dieser psychischen Grundbedürfnisse trägt entscheidend zum Wohlbefinden von Kindern in Tageseinrichtungen bei. Für eine optimale Begleitung und Unterstützung von Bildungsprozessen bedeutet das: eine gute Beziehung zu jedem Kind herzustellen und den Kindern Entscheidungsmöglichkeiten zu lassen, welchen Lernweg sie einschlagen möchten. Dazu gehört es auch, Lern-Umwege zuzulassen, die in den Augen von Erwachsenen vielleicht ineffektiv sind. Wenn die Anforderungen für Kinder interessant und so gestaltet sind, dass sie weder unter- noch überfordern, können Kinder ihrem sich entwickelnden Selbstkonzept das Selbstbild „Ich bin ein erfolgreicher Lerner" hinzufügen. Auch für die Entwicklung der lebenslang bedeutsamen Basiskompetenzen wie Selbstwertgefühl, Selbstwirksamkeit, Kommunikationsfähigkeit, Empathie und Perspektivenübernahme bieten diese Leitlinien eine gute pädagogische Orientierung (Minsel 2006; vgl. auch StMAS & IFP 2007, S. 55f.).

Lernen mit gutem Gefühl

Wohlbefinden wird von Erwachsenen häufig nicht mit Lernsituationen in Verbindung gebracht. Dies hängt damit zusammen, dass die Gefühle aus der jeweiligen Lernsituation mitgelernt und in ähnlichen Situationen wieder aktiviert werden. Lernen mit gutem Gefühl ist am Anfang der Bildungslaufbahn besonders wichtig. Ein Grundsatz moderner Pädagogik lautet: Kein Kind darf beschämt werden. Erwachsene, die mit dem Kind die Freude am Lernen und am Lernerfolg teilen und Wertschätzung gegenüber den Lernprozessen junger Kinder ausdrücken, leisten zum Lernen mit gutem Gefühl und damit zum Start der Bildungsbiografie einen wichtigen Beitrag.

Wichtiger Beitrag zum Start der Bildungsbiografie

Identitätsentwicklung ist Teil der interkulturellen Bildung
Ungefähr jedes dritte Kind, das heute in Deutschland geboren wird, hat einen Migrationshintergrund. Die Zahl der Kinder aus Zuwandererfamilien, die vor ihrem dritten Geburtstag in eine

Tageseinrichtung kommen, wird wachsen. Die Kinder, die heute aufwachsen, werden als Erwachsene in einer noch heterogeneren Gesellschaft leben, die interkulturelle Kompetenz für ein friedliches Miteinander voraussetzt. Mobilität wird zukünftig auch von inländischen Arbeitnehmern verstärkt gefordert werden und verlangt interkulturelle Kompetenzen, die für ein Leben in einen anderen Kulturkreis nötig sind. Interkulturelle Kompetenz ist somit eine Bildungsaufgabe, die Kinder auf die Teilhabe an aktuellen und zukünftigen gesellschaftlichen Entwicklungen vorbereitet. Sie ist Teil einer vorurteilsbewussten Bildung und Erziehung (Wagner 2008).

Interkulturelle Kompetenz ist eine Bildungsaufgabe

Die Förderung interkultureller Kompetenzen in den ersten Lebensjahren in Kindertageseinrichtungen lässt sich unter verschiedenen Blickwinkeln betrachten: Zunächst wirkt auf jede Familie und jedes Kind, die neu in eine Einrichtung kommen, die interkulturelle Orientierung, die eine Kindertageseinrichtung „ausstrahlt". Die Vorbildfunktion der Erwachsenen und der Kinder, die bereits in der Einrichtung sind, wirken im Sinne des Bildungsziels „interkulturelle Kompetenz" auf die Kinder und ihre Familien, die in diese Umgebung hineinwachsen.

Ein anderer Blickwinkel berücksichtigt die beginnende Identitätsentwicklung als Basis für die interkulturelle Kompetenz von Migrantenkindern: Mit bi-kultureller Identität ist eine reibungslose Identifikation sowohl mit der mehrheitlichen als auch mit der eigenen ethnischen Kultur gemeint (vgl. Niesel 2009). Aus der Sicht von Migranten kann bi-kulturelle Identität auch als Ausdruck ihrer interkulturellen Kompetenz betrachtet werden.

Die interkulturelle Kompetenz und Sensibilität von Erzieherinnen ist besonders gefordert, wenn sie die Identitätsentwicklung junger Kinder aus Migrationsfamilien begleiten. Diese müssen sich im Laufe ihrer Kindheit und Jugend auch mit der Entwicklung ihrer ethnischen Identität als Minderheit auseinandersetzen. Wenn Kinder aus Migrationsfamilien ihren engsten Familienkreis verlassen, wie z. B. beim Eintritt in eine Kindertageseinrichtung, müssen sie so genannte Akkulturationsleistungen vollbringen. Diese Leistungen werden unterschätzt, wenn sie lediglich als zusätzliche

Akkulturationsleistungen

Kompetenzen gesehen werden: „Das Erlernen der Sprache des Aufnahmelandes sowie die Integration von Werten und Normen, spezifischen Wissensbereichen, Symbolen und Verhaltensstandards in die bereits im Herkunftskontext der Familie erworbenen Werte-, Normen- und Wissenssysteme sind eine Syntheseleistung. Diese bilden die Grundlage für eine gelingende bikulturelle Identitätsentwicklung" (Herwartz-Emden 2008, S. 45). Mit anderen Worten: Für Kinder und ihre Eltern aus anderen Kulturkreisen sind die Differenzen zwischen Familienleben und Kindertageseinrichtung größer als für deutsche Familien. Sie müssen sich zusätzlich mit erheblichen Differenzerfahrungen auseinandersetzen.

Das Gefühl der Zugehörigkeit trägt zum Wohlbefinden bei und bildet eine wichtige Basis für nachhaltige Lernprozesse. Für Kinder und Eltern aus Migrationsfamilien ist die Zugehörigkeit zu einer Gruppe – z. B. einer Kinder- oder einer Elterngruppe in einer Kindertageseinrichtung, die nicht mit diskriminierenden Erwartungshaltungen konfrontiert ist – eine wichtige Möglichkeit, ihr Selbstkonzept zu erweitern.

Hat das bereits eine Bedeutung für die Jüngsten? Identitätsentwicklung beginnt nicht erst im Kindergartenalter. Die Entwicklung der Kommunikations- und Sprachkompetenz sowie von Literacy, den Kernkompetenzen für eine gelingende Bildungsbiografie, beginnen viel früher als häufig angenommen (Kieferle 2009). Der Entwicklungsabschnitt, in dem sich Sprache bzw. Sprachen ausbilden, ist auch für die Identitätsentwicklung sehr bedeutsam. Mit der Sprache fangen Kinder an, von sich selbst zu erzählen. Sie konstruieren ihre eigene Lebensgeschichte und entwickeln so ein dauerhaftes Bild von sich selbst. Eltern und Erzieherinnen arbeiten an der Konstruktion des autobiografischen Gedächtnisses mit.

Identitätsentwicklung beginnt nicht erst im Kindergartenalter

Ein Aufwachsen mit mehreren Sprachen ist eine Selbstverständlichkeit für die Mehrheit der Kinder weltweit. In Deutschland ist die Pädagogik traditionell eher monolingual (einsprachig) ausgerichtet. Inzwischen hat sich die Erkenntnis weitgehend durchgesetzt, dass Mehrsprachigkeit eine große Chance für die lebenslange Bildungsbiografie ist und keinesfalls eine Sprache die andere "stört". Kleinkinder können mühelos zwei oder mehr Sprachen parallel lernen, wenn ihre Entwicklungsumgebung die dafür passenden Bedingungen bietet. Im Gegensatz zum Erwachsenen ist das Gehirn jüngerer Kinder so flexibel, dass sie ohne besondere Anstrengung eine weitere Sprache erlernen, wenn sie in eine neue sprachliche Umgebung kommen. Trotz der scheinbaren Mühelosigkeit, mit der junge Kinder Sprachen erlernen können, sollte nicht übersehen werden, dass sie ihre Zweisprachigkeit in einem monolingualen Umfeld entwickeln müssen. Im Vergleich zu ihren einsprachigen Peers müssen sie z. B. lernen, in welchen Zusammenhängen welche Sprache angemessen ist. Sie entwickeln eine Art „Sprach-Entscheidungssystem". Die Aufrechterhaltung von zwei Sprachen hängt von verschiedenen Faktoren ab: vom Prestige einer Sprache, von kulturellem Druck, Motivation, Möglichkeiten des Gebrauchs – aber nicht vom Alter. Kinder lernen beide Sprachen sicher zu beherrschen, wenn sie das Gefühl haben, dass die Sprachen und die damit verbundenen Kulturen gleichermaßen wichtig sind. Die Erstsprache oder Muttersprache ist wichtiger Teil der Identität, und ihre Wertschätzung ist für das Kind mit der Wertschätzung seiner Person und Familie verknüpft (Kieferle 2009, S. 101ff.).

Eine Art „Sprach-Entscheidungssystem"

Das Bild des „aktiv lernenden Kindes" ist letztendlich nur dann von Nutzen, wenn es im Selbstbild deutliche Spuren hinterlässt. So ist z. B. mit „Lerndispositionen" eine Neigung oder gewohnheitsmäßige Bereitschaft gemeint, sich je nach Situation auf die Lernmöglichkeiten einzulassen, die diese bietet (Leu et al. 2007). Mit „Neugier" und „Lust" werden die Gefühle angesprochen, die in späteren Lernsituationen wieder aktiviert werden sollen.

Für Kinder aus Migrationsfamilien, die überdurchschnittlich häufig von Armut betroffen sind und zu den „bildungsfernen" Familien gerechnet werden (Herwartz-Emden 2008; Kieferle 2009), kann eine frühe Tagesbetreuung eine große Chance für ihre Bildungsbiografie bedeuten. Für diese Kinder ist es besonders wichtig, dass ihre frühen Bildungsprozesse wertgeschätzt werden. Auch die Eltern erfahren so, dass ihre Kinder bereits jetzt für ihr späteres Leben und damit auch für die Schule lernen.

Frühe Tagesbetreuung – Chance für die Bildungsbiografie

Gender als Bildungsthema

Die Chancengleichheit der Geschlechter ist durch die Charta der Grundrechte der Europäischen Union für alle EU-Staaten verbindlich. Alle Maßnahmen sind unter der Perspektive ihrer Auswirkungen bezüglich der Gleichberechtigung von Mädchen und Jungen, Männern und Frauen zu überprüfen (vgl. dazu Rabe-Kleberg 2003). Bildungspläne für Kindertageseinrichtungen und Schulen gehören dazu. In den Bildungs- und Erziehungsplänen der verschiedenen Bundesländer wird dem Thema „Geschlechtsbewusste Erziehung" sehr unterschiedliche Bedeutung beigemessen (ausführlich dazu Niesel 2008c).

Geschlechtsbewusste Erziehung

Für die Praxis der ersten Lebensjahre wird das Thema „Gender" – der Erwerb des sozialen Geschlechts – aus dem Blickwinkel von Lernen und Bildung unter die pädagogische Lupe genommen: „In der Diskussion um frühkindliche Bildungsprozesse werden Gender und Bildung als getrennt voneinander betrachtet. Die Zugehörigkeit zu einem oder anderen Geschlecht wird als fördernde oder begrenzende Voraussetzung für Bildungsprozesse betrachtet... Verstehen wir aber Bildung als umfassende Aneignung von Welt und Bildung der gesamten Persönlichkeit, so stellt sich der Erwerb des sozialen Geschlechts als ein – wenn nicht der grundlegende Bildungsprozess der Kindheit dar" (Rabe–Kleberg 2005, S. 139).

„Männlich" oder „weiblich" ist eines der mächtigsten gesellschaftlichen Ordnungssysteme. Spätestens am Ende des zweiten Lebensjahres können die meisten Kinder beide Geschlechter klar unterscheiden und zuverlässig sagen, ob sie selbst ein Junge oder Mädchen sind. In ihrem Spielverhalten entwickeln sie geschlechtstypische Spielzeugpräferenzen und bevorzugen gleichgeschlechtliche Spielpartner bzw. Spielpartnerinnen (vgl. Kap. 5).

Für Jungen und Mädchen geht es nun auch darum, sich darin zu bilden, was es heißt ein „richtiger Junge" oder ein „richtiges Mädchen" zu sein. Für die Entwicklung der Geschlechtsidentität sind die Jahre in Kindertageseinrichtungen von besonderer Bedeutung: Sie stellen wichtige Erfahrungsfelder für die Interaktionen und die Kommunikation mit Kindern des eigenen und des anderen Geschlechts dar – in gleich- und gemischtgeschlechtlichen Gruppen sowie in Aktivitäten, in denen sich Kinder selbst organisiert im Spiel zusammenfinden. Erzieherinnen sind ebenso wie die Eltern und die anderen Kinder Ko-Konstrukteure des Bildungsprozesses „Mädchen-Sein" bzw. „Junge-Sein".

Bildung ist Teil von Resilienz
Der Begriff „Resilienz" leitet sich von dem englischen Wort *resilience* (= Spannkraft, Elastizität, Strapazierfähigkeit) ab und bezeichnet allgemein die Fähigkeit, erfolgreich mit belastenden Lebensumständen (Unglücken, traumatischen Erfahrungen, Misserfolgen, Risikobedingungen) umzugehen. Resilienz kann als psychische Widerstandsfähigkeit gegenüber biologischen, psychologischen und psychosozialen Entwicklungsrisiken verstanden werden.

Die Resilienzforschung (vgl. Wustmann 2004) fragt danach, welche Eigenschaften und Fähigkeiten jene Kinder auszeichnen, die sich trotz Risikokonstellationen (z. B. chronische Armut oder traumatische Erfahrungen) positiv und psychisch gesund entwickeln. Die Kenntnis der „schützenden Faktoren" ist für die Konzipierung von Präventionsmaßnahmen und für die Entwicklung von Bildungskonzepten wichtig. Der Resilienzansatz eröffnet eine optimistische und zukunftsorientierte Herangehensweise. Der Blick richtet sich nicht mehr auf die Defizite und Schwächen, sondern vielmehr auf die Kompetenzen und Bewältigungsressourcen jedes einzelnen Kindes.

<small>Kenntnis der schützenden Faktoren</small>

Schützende individuelle Faktoren sind:
- Problemlösefähigkeiten
- Hohe Selbstwirksamkeitsüberzeugungen
- Positives Selbstkonzept/Hohes Selbstwertgefühl
- Realistische Kontrollüberzeugung
- Hohe Sozialkompetenz: Empathie/Kooperations- und Kontaktfähigkeit/Verantwortungsübernahme

- Aktives und flexibles Bewältigungsverhalten (z. B. die Fähigkeit, soziale Unterstützung zu mobilisieren, Entspannungsfähigkeiten)
- Optimistische, zuversichtliche Lebenseinstellung.

Schützende Faktoren innerhalb der Familie und im familialen Umfeld meinen:
- Mindestens eine stabile, verlässliche Bezugsperson, die Vertrauen und Autonomie fördert
- Offenes, wertschätzendes, strukturierendes Erziehungsverhalten
- Zusammenhalt, Stabilität und konstruktive Kommunikation in der Familie
- Unterstützendes familiäres Netzwerk (Verwandtschaft, Freunde, Nachbarn).

Ressourcen durch Bildungsinstitutionen bedeuten:
- Wertschätzendes Klima in Bildungseinrichtungen wie Kindertageseinrichtungen, Grund- und weiterführenden Schulen
- Klare, transparente, konsistente Regeln und Strukturen
- Hoher, aber angemessener Leistungsstandard/positive Verstärkung der Anstrengungsbereitschaft des Kindes
- Positive Peerkontakte/positive Freundschaftsbeziehungen
- Erzieher/innen und Lehrer/innen als positive Rollenmodelle und unterstützende Bezugspersonen
- Gezielte Förderung von Basiskompetenzen (Resilienzfaktoren)
- Ressourcen auf kommunaler Ebene, z. B. sozialpädagogische Angebote der Familienbildung, Gemeindearbeit.

Betrachtet man die schützenden Faktoren auf den drei verschiedenen Ebenen, wird deutlich, dass Kinder sich nicht aus sich selbst heraus zu resilienten Persönlichkeiten entwickeln können. Die Unterstützung durch die umgebenden sozialen Systeme ist von entscheidender Bedeutung für die individuelle Entwicklung –

insbesondere unter der Perspektive der langfristigen Entwicklung und des lebenslangen Lernens. Für pädagogische Fachkräfte, die mit Kindern in den ersten drei Lebensjahren arbeiten, kann die perspektivische Verschiebung von einer eher defizitorientierten Aufmerksamkeit im Hinblick auf mögliche Entwicklungsverzögerungen oder -störungen hin zu einer Förderung der Stärken und Potenziale jeden Kindes Entlastung und Bereicherung bedeuten. Das gilt für Kinder mit Behinderungen ebenso wie für hochbegabte Kinder, verlangt aber jeweils unterschiedliche Bildungsangebote.

Übergänge als Bildungssituationen gestalten

Das Thema „Übergänge" wird in den Bildungsplänen zumeist im Zusammenhang mit dem Übergang von der Kindertageseinrichtung in die Grundschule behandelt. Im deutschen gestuften Bildungssystem müssen Kinder und Familien eine Vielzahl von Übergängen bewältigen. Das IFP-Transitionsmodell (Niesel, Griebel & Netta 2008) wurde entwickelt, um die Komplexität von Übergangsprozessen besser zu verstehen und gezielte pädagogische Maßnahmen konzipieren zu können. Es stellt die Bewältigung des Übergangs nicht nur als Aufgabe und Kompetenz des Kindes, sondern als die des gesamten sozialen Systems dar. Unterschieden wird zwischen den Akteuren, die den Übergang aktiv bewältigen, und denjenigen Beteiligten, die den Übergang pädagogisch moderieren. „Aktive Bewältiger" sind das Kind und seine Eltern. Das bedeutet: Auch das noch sehr junge Kind wird nicht nur als Empfänger pädagogischer Handlungen gesehen – ihm wird eine aktive Rolle zugestanden. Die Eltern werden nicht nur als unterstützende Ressource im Eingewöhnungsprozess ihres Kindes wahrgenommen. Vielmehr werden sie in einer Doppelfunktion gesehen: Sie unterstützen ihr Kind bei der Übergangsbewältigung und bewältigen selbst den Übergang von ihrer Elternschaft mit einem Familienkind zu einer Elternschaft, die durch eine zeitweise außerfamiliale Betreuung des Kindes ergänzt wird.

Die pädagogischen Fachkräfte moderieren oder begleiten den Übergang, erleben aber selbst keine Transition, da für sie das Er-

> „Aktive Bewältiger des Übergangs" – das Kind und seine Eltern

leben der Erst- oder Einmaligkeit fehlt. Die Übergangsbegleitung stellt vielmehr eine besondere fachliche Herausforderung dar, die innerhalb des Teams sorgfältiger Abstimmungsprozesse bedarf und als besonders arbeitsintensiv erlebt wird. Zu den Personen, die den Übergang mit moderieren, gehören auch die anderen Kinder der Gruppe, in die das Kind aufgenommen werden soll.

In der pädagogischen Praxis ist „Eingewöhnung" die gebräuchliche Bezeichnung für den Prozess, durch den ein Kleinkind mit den ihm noch fremden Personen und der neuen Umgebung einer Kindertageseinrichtung vertraut werden soll. Eingewöhnungsmodelle (z. B. Beller 2002; Laewen, Andres & Hédervári 2000) wurden entwickelt und erprobt, um zur Stressreduzierung bei Kindern in der anstehenden Trennung von ihren Eltern beizutragen. In erster Linie wird die „Eingewöhnung" zum Beziehungsaufbau mit einer Bezugserzieherin genutzt, die anstelle von Mutter oder Vater dem Kind als sichere Basis in der Kindertageseinrichtung dienen soll (vgl. Kap. 2.3). Es lohnt sich, den Begriff „Eingewöhnung" einmal kritisch zu hinterfragen. „Ein Kind wird eingewöhnt" – diese Formulierung bringt das Kind in eine passive Position: Es wird etwas mit ihm getan. Tatsächlich aber meistert das Kind eine anspruchsvolle Herausforderung. Es muss den Übergang von der Familie in eine Kindertageseinrichtung selbst bewältigen. Die Transitionsforschung (Griebel & Niesel 2004) hat gezeigt, dass dies mehr umfasst, als sich an etwas Neues zu gewöhnen. Übergangsprozesse brauchen Zeit. Die Dauer richtet sich nach den individuellen Bedürfnissen von Kindern und Eltern. Erst wenn sie sich wohl fühlen und das Kind die Angebote der Einrichtung für seine geistige, körperliche und soziale Entwicklung nutzen kann, kann der Übergang als gemeistert betrachtet werden.

Beim Übergang in eine Kindertageseinrichtung für Kinder unter drei Jahren wird das Zusammenwirken von Kind, Eltern und Fachkräften besonders deutlich: Erzieherinnen und Eltern müssen sich im Sinne der Ko-Konstruktion darüber verständigen, was der Eintritt in die Kindertageseinrichtung für das Kind und die Familie bedeutet und wie der Übergang am besten durch alle Beteiligten vorbereitet und gestaltet werden kann. Es muss für Eltern klar sein, warum die „Eingewöhnung" ein komplexer Prozess ist, welche Bedeutung er für ihr Kind und für sie selbst hat, und warum sie in diesen Prozess eingebunden sind. Wird durch Kommunikation und Partizipation Übereinstimmung in der Bedeutung der einzelnen Schritte hergestellt, sind die besten Voraussetzungen für eine erfolgreiche Übergangsbewältigung von Kind und Eltern gegeben.

Diejenigen, die den Übergang aktiv bewältigen – Kinder und Eltern – haben während des Prozesses Anforderungen unterschiedlicher Art zu bewältigen: auf der Ebene des Individuums, der Beziehungen und der sozialen Kontexte. Auf der individuellen Ebene geht es um die Identitätsentwicklung, die Bewältigung von Emotionen, die zu jeder Transition gehören, und um die Erlangung neuer Kompetenzen. Es müssen Dinge gelernt werden, die bisher nicht zum Repertoire gehörten. Auf der Beziehungsebene verändert sich vieles: Neue Beziehungen kommen hinzu und bestehende verändern sich. Auf der kontextuellen Ebene geht es um die Integration der unterschiedlichen Anforderungen der Lebensumwelten Familie, Beruf und Kindertageseinrichtung.

Mütter und Väter von Kindern, die noch nicht das klassische Kindergartenalter erreicht haben, werden auf der individuellen Ebene besonders in ihrer elterlichen Identität berührt. Sie müssen sich mit gesellschaftlichen Erwartungen, möglicherweise auch mit Vorurteilen sowie Schuldgefühlen und Zweifeln auseinandersetzen. Hinzu kommt, dass sie – wenn es sich um ihr erstes Kind handelt – noch nicht sehr lange Eltern sind. Der lebensverändernde Übergang von der Paarbeziehung zur Elternschaft ist noch nicht ganz abgeschlossen und die Identitätsentwicklung zur Mutter- oder Vaterschaft vielleicht noch unsicher. Die Einbeziehung der Eltern dient nicht nur dem Kind. Sie stärkt auch die Eltern in ihrer Kompetenz, sodass der Identitätswandel („Ich bin Mutter und mein Kind besucht eine Kindertagesstätte – das ist seiner Entwicklung förderlich") unterstützt wird und zu einem positiven Selbstbild beiträgt. Starke Emotionen sind unvermeidlich. Der Umgang mit diesen Gefühlen wird erleichtert, wenn sie im Gespräch mit den Erzieherinnen zugelassen und benannt wer-

Zusammenwirken von Kind, Eltern und Fachkräften

den dürfen. Auf der Beziehungsebene erfahren Eltern, dass das Verhältnis ihres Kindes zur Erzieherin eigenständig und nicht konkurrierend ist. Der regelmäßige Austausch mit bereits erfahrenen Eltern vermindert Unsicherheiten. Auf der kontextuellen Ebene muss den Eltern die Integration der Anforderungen von Familie, Kindertageseinrichtung (z. B. pünktliches Bringen und Abholen nach der Eingewöhnungsphase) und Beruf gelingen.

<small>Aufbau einer sicheren Basis durch die Bezugserzieherin</small>
Der Aufbau einer sicheren Basis, verkörpert durch die Bezugserzieherin, steht bei Kindern im Alter von 0 bis 3 Jahren im Mittelpunkt. Mutter oder Vater und allmählich auch die Bezugserzieherin helfen dem Kind bei der Regulation seiner Emotionen, die mit der Trennung bei der Übergangsbewältigung verbunden sind. Die herausragende Entwicklungsaufgabe für das Kind ist es, sichere Bindungsbeziehungen zu mehreren Personen (Mutter, Vater, Erzieherin) aufzubauen bzw. aufrechtzuerhalten, sodass es ihm möglich wird, während der Abwesenheit seiner elterlichen Bindungspersonen die Angebote der Kindertageseinrichtung für seine individuelle soziale, geistige und körperliche Entwicklung zu nutzen.

Der Erfahrungsraum des Familienkindes wird erweitert um den Erfahrungsraum, der ihm in einer Tageseinrichtung zur Verfügung steht. Ein gelungener Übergang ist für das Kind und für seine Eltern mit Kompetenzgewinn durch den Übergang selbst, durch die Angebote der Kindertageseinrichtung und nicht zuletzt durch das erweiterte Beziehungsspektrum mit Erwachsenen und anderen Kindern verbunden.

3.3 Bildung im Alltag der Tageseinrichtung

Reflexion der Haltung zur Bildung in den ersten drei Lebensjahren

Pädagogische Fachkräfte, für die die Arbeit mit Kindern in den ersten drei Lebensjahren neu und vielleicht nicht ganz freiwillig gewählt ist, spüren manchmal Unsicherheit und vielleicht Widerstände. Die individuelle Haltung einer pädagogischen Fachkraft wird auch unausgesprochen spürbar. So könnte ein Gedankengang beispielsweise lauten: „Wir müssen jetzt die Kleinen aufnehmen – ich würde meine eigenen Kinder nie so früh in eine Einrichtung geben." Sich selbst Rechenschaft über die eigene Haltung abzulegen – ohne in Kategorien von richtig oder falsch zu denken –, diese Fragen auch im Team zu klären und offen zu sein für neue Erfahrungen sind neben dem Erwerb von neuem Fachwissen notwendige Schritte in der Anfangszeit: Hospitationen, Supervision, Fortbildungen und Teamgespräche unterstützen den Prozess der Neuorientierung. Das Zusammenspiel von wachsendem Fachwissen, der Verminderung der Unsicherheit und der Erfahrung, wie befriedigend die Arbeit mit jungen Kindern sein kann, verändert in den meisten Fällen skeptische Einstellungen. Regelmäßige Reflexionen im Team machen es möglich, dass die Verteilung von Arbeitsschwerpunkten an den Interessen und Kompetenzen jeder Kollegin ausgerichtet wird.

Prozess der Neuorientierung

Auch das „Bild vom Kind" prägt die pädagogische Haltung und das pädagogische Handeln. Es hat entscheidenden Einfluss darauf, ob das Team in einer Kindertageseinrichtung eher den Aspekt der Betreuung im Vordergrund seiner Arbeit sieht, oder die altersgemäße Bildung konzeptionell Vorrang hat (vgl. Kap. 1). Orientiert sich die pädagogische Haltung am Bild des von Geburt an aktiv lernenden Kindes, verändert sich die Rolle der Erzieherin. In ihrer Verantwortung für die Befriedigung der physiologischen und psychologischen Grundbedürfnisse ist sie nicht nur Betreuerin der Kinder, sondern wird zur ko-konstruktiv arbeitenden Bildungsbegleiterin (vgl. Kap. 1 & Kap. 4).

Bildung durch entwicklungsgemäße Beteiligung
Säuglinge und Kleinkinder sind von der beständigen liebevollen Fürsorge durch erwachsene Bezugspersonen abhängig. Aus den Überlegungen zum Autonomieerleben, zum Kompetenzerleben und zum Bedürfnis nach sozialer Eingebundenheit (vgl. Kap. 4.1) lässt sich jedoch ableiten, dass auch jungen Kindern eine entwicklungsgemäße Beteiligung an den ihr Leben in der Einrichtung betreffenden Entscheidungen zusteht – auch wenn sie sich in Kinderkonferenzen noch nicht zu Wort melden können. Die Gestaltung der Pflegesituation, Entscheidungen über Essen, Ruhe

Abstimmungen
zwischen
Erzieherin und Kind

oder Aktivität oder die Auswahl von Materialien sind Beispiele für Situationen, in denen es zwischen der Erzieherin und dem Kind um Abstimmungen geht. Nicht nur zum „Ob", sondern auch zum „Wie" sollten sich Kinder äußern dürfen. Diese frühen Erfahrungen der Selbstwirksamkeit unterstützen die Zuversicht des Kindes, das schaffen zu können, was es sich vorgenommen hat. Entwicklungsgemäße Beteiligung betrifft auch die Position der Kinder in ihren Bildungsprozessen. Kinder sind die Experten ihrer Altersgruppe für das jeweilige Bildungsthema. Entwicklungsgemäße Beteiligung heißt darüber hinaus, dass Kinder schon sehr früh lernen, sich nicht nur an den eigenen Interessen zu orientieren, sondern sich auch für das Wohlergehen anderer oder das der ganzen Gruppe zu engagieren (vgl. Niesel 2008a, S. 12f.).

Interkulturelle Bildung geschieht durch soziale Eingebundenheit
Kulturelle Aufgeschlossenheit wird in Alltagsgegenständen sichtbar: in Materialien wie Büchern und Tonaufnahmen in den Sprachen der Kinder, in Postern auf denen Schriftzeichen und Wörter aus anderen Sprachen zu sehen sind, in Speisen aus verschiedenen Ländern. Kulturelle Aufgeschlossenheit meint das „Bewusstsein vom Zusammenleben verschiedener Kulturen, die in ihren Traditionen und Lebensformen nicht immer gänzlich verstanden werden können (und) dass die Grenzen der eigenen Verstehens- und Deutungsprozesse wahrgenommen und akzeptiert werden" (StMAS & IFP 2007, S. 142). Die Auseinandersetzung mit dem eigenen Empfinden von Fremdheit und Distanz ist für pädagogisches Fachpersonal, das mit jungen Kindern arbeitet, besonders wichtig. Dass der Beziehungsaufbau nicht selbstverständlich und für alle Kinder in gleicher Weise funktioniert, zeigen Untersuchungen (vgl. Ahnert 2006): Die Wahrscheinlichkeit einer sicheren Beziehung zu einer Erzieherin ist für Mädchen größer als für Jungen. Zu untersuchen wäre, ob speziell Jungen aus Migrationsfamilien nicht eine Erschwernis am Beginn ihrer Bildungskarriere erfahren, weil es den Fachkräften durch die geschlechtsbezogene und kulturelle Distanz schwerer fällt, individuell einfühlsam zu kommunizieren und verlässliche Beziehungen aufzubauen.

Auseinandersetzung mit dem eigenen Empfinden von Fremdheit und Distanz

Erzieherinnen, Freunde und Freundinnen, Spielpartner und Spielpartnerinnen sind neben der Familie die wichtigsten Beitragenden zum Selbstbild und zum Selbstwertgefühl eines Kindes. Ihre Reaktionen in Mimik, Gestik und Sprache spiegeln Kleinkindern, dass ihre Empfindungen und Äußerungen verstanden und ob sie als Person in der Gemeinschaft wertgeschätzt werden. Dabei lernen Kinder, ob ihr Verhalten als passend oder als unerwünscht empfunden wird und dass eigene Gefühle von anderen geteilt werden, sich aber auch von denen anderer Personen unterscheiden können (vgl. Kap. 5).

Kinder mit Migrationshintergrund brauchen eine positive Einstellung und die fachlich fundierte Vorgehensweise der Erzieherinnen zum Aufwachsen in zwei Sprachen. Es geht nicht nur darum, bis zum Schuleintritt die deutsche Sprache möglichst gut zu beherrschen, sondern auch um die Verbundenheit von Eltern und Kindern mit der ersten Bildungseinrichtung, die den Anschluss an die nachfolgenden langfristig vorbereitet und hilft, mit dem deutschen Bildungssystem vertraut zu werden.

Eine geschlechtersensible Perspektive einüben

Geschlechtsbewusste Pädagogik hat zum Ziel, den Bedürfnissen und Interessen beider Geschlechter gerecht zu werden und dafür zu sorgen, dass das Erfahrungsspektrum und damit die Entwicklungspotenziale von Jungen und Mädchen nicht durch eine Beschränkung auf geschlechtstypische Vorlieben für bestimmte Spielmaterialien (Puppen- oder Bauecke), Spielformen (Basteln oder Fußball) und soziale Situationen (Aushandeln oder Bestimmen) verkleinert werden.

Den Bedürfnissen beider Geschlechter gerecht werden

Wenn Jungen und Mädchen wählen können, bevorzugen sie häufig gleichgeschlechtliche Spielpartner. Daher empfiehlt es sich, Gruppenprozesse pädagogisch so zu gestalten, dass Mädchen und Jungen einerseits Gelegenheit haben, Zugehörigkeit in ihrer gleichgeschlechtlichen Gruppe zu erleben und Neues zu erproben – andererseits in gemischten Spiel- und Lerngruppen die Erfahrungen des jeweils anderen Geschlechts zu teilen.

Geschlechtsbewusste pädagogische Grundhaltung

Sprache ist ein wichtiges Medium, um Stereotype zu verfestigen – aber auch, um sie aufzubrechen. Wird in bestimmten Zusammenhängen ausschließlich eine männliche oder weibliche Form benutzt (z. B. „der Arzt", „die Putzfrau"), wird das geistige Bild auch überwiegend männlich oder weiblich sein.

Um Mechanismen auf die Spur zu kommen, die einschränkend auf die Entwicklungschancen von Mädchen und Jungen wirken und ihnen gegenzusteuern, reicht es nicht aus, die Aufmerksamkeit auf individuelle Bildungsprozesse zu lenken. Vielmehr müssen auch geschlechtstypische Strukturen und ihre Bedeutung für Bildungsprozesse erkannt werden. Eine geschlechtsbewusste pädagogische Grundhaltung (vgl. Walter 2005) zeichnet sich dadurch aus, dass sie

- Verallgemeinerungen wie „typisch Mädchen" oder „typisch Junge" infrage stellt
- den Blick für die Lebenswelten, in denen Mädchen und Jungen heute aufwachsen, schärft
- auf den Abbau von Statusunterschieden zwischen Jungen und Mädchen achtet
- die Bedeutung des erwachsenen Vorbildes in der Kindertagesstätte für die Entwicklung der Geschlechtsidentität von Mädchen und Jungen reflektiert.

Die Auseinandersetzung mit allen Fragen zur Rolle und Bedeutung der Geschlechter in einer Gesellschaft hat immer auch einen persönlichen Anteil. Jede und jeder ist betroffen – die eigene Biografie (z. B. die Entscheidung für oder gegen einen Beruf) ist immer auch vom Geschlecht bestimmt. Eine Auseinandersetzung mit dem Berufsbild der Erzieherin sowie dem Wandel von der (Ersatz-)Mütterlichkeit zur Pädagogin in einer Bildungseinrichtung und die Bedeutung der in unserer Gesellschaft vorherrschenden Feminisierung der frühen Kindheit gehört zu den spannenden Themen, wenn es z. B. um Bildungsgerechtigkeit geht.

Resilienz betont die Stärken der Kinder

Resiliente Kinder rechnen mit dem Erfolg eigener Handlungen, gehen Problemsituationen aktiv an, nutzen ihre Ressourcen effektiv aus, glauben an eigene Kontrollmöglichkeiten, können aber auch realistisch erkennen, wenn etwas für sie unbeeinflussbar, d. h. außerhalb ihrer Kontrolle ist.

Kinder brauchen mindestens eine stabile, sichere Beziehung zu einer Bezugsperson, die ihre Bedürfnisse wahrnimmt und angemessen darauf reagiert. Unterstützung können Kinder auch indirekt erfahren: wenn z. B. durch Familienbildung elterliche Kompetenzen gestärkt werden, die dann zur Verbesserung des Zusammenlebens führen.

Positive Erfahrungen in Bildungsinstitutionen sind für das Erlernen resilienter Verhaltensweisen und Einstellungen von großer Bedeutung. Angebote auf kommunaler Ebene wie Beratungseinrichtungen (z. B. Ehe- oder Erziehungsberatung), medizinische Vorsorge und Versorgung wirken als weitere protektive Faktoren.

Positive Erfahrungen in Bildungsinstitutionen

Übergänge als Schlüsselsituationen nutzen
Übergänge sind Schlüsselsituationen für die Gewinnung der Eltern. Transitionen können mit Stress verbunden sein und die gewohnten routinierten Abläufe in einer Familie durcheinander bringen. Eltern brauchen Zeit und Erfahrungen, bis sich das Gefühl einstellt, dass es wieder „rund läuft". Sie reagieren auf die Unsicherheit z. B. mit dem Bemühen um Informationen und Beratung. Familien sind in Zeiten des Übergangs besonders offen, wenn sie sich angesprochen und verstanden fühlen. Erzieherinnen berichten: Zeit- und arbeitsintensives Investment zahlt sich aus – nicht zuletzt deshalb, weil die Eltern auf diese Weise ganz anders in die Kita „hineinkommen", engagierter werden und sich die angestrebte Bildungspartnerschaft zum Wohle der Kinder leichter umsetzen lässt. Eltern, die sich dagegen nicht angenommen oder willkommen fühlen, für die die „Passung" nicht stimmt, sind im Transitionsprozess besonders verletzlich, ziehen sich zurück und sind nur sehr schwer wieder als Gesprächspartner zu gewinnen.

Familien sind in Zeiten des Übergangs besonders offen

Eine tragfähige Kooperation kann dann am besten entstehen, wenn an die Stelle einer Orientierung an Defiziten eine Ausrichtung an vorhandenen Kompetenzen und Ressourcen tritt: Respekt für jedes Kind – Respekt für jede Familie (Şikcan 2008).

4. Bildungsbegleitung – Voraussetzung für gelingende Entwicklung in den ersten drei Lebensjahren

4.1 Entwicklungspsychologische Grundlagen

Lernen mit allen Sinnen von Anfang an – so lässt sich der Beginn kindlicher Entwicklung und Bildung im ersten Lebensjahr umschreiben. Als Grundlage für jegliche Bildung schafft sich der Säugling in den ersten Wochen und Monaten Sicherheit und Urvertrauen, indem er sich an die Personen bindet, die die meiste Zeit mit ihm verbringen. Hierbei spielen die Versorgung und die Befriedigung der grundlegenden physiologischen Bedürfnisse (Schlafen – Wachen; Hunger – Durst, Erregung – Beruhigung; Lust – Unlust) eine zentrale Rolle. Das Kind lernt in der Interaktion mit seinen Bezugspersonen mit seinen Gefühlen umzugehen und entwickelt gleichzeitig eigene Strategien, um unangenehme Situationen zu vermeiden. Es wendet beispielsweise den Kopf zur Seite, wenn es eine Spielpause möchte.

Von der Nachahmung zur Handlungskompetenz

Kinder lernen von Geburt an durch Zuschauen, Zuhören, Explorieren und Nachahmen. Bereits ausgestattet mit der Fähigkeit, sich mit ihren Sinnen zu orientieren, differenzieren Kinder im ersten Lebensjahr die Nahsinne (Geruch, Geschmack, Tasten) und Fernsinne (Hören, Sehen) durch vielfältige Erfahrungen aus und erweitern sie. Zunehmende motorische Selbstkontrolle trägt dazu bei, dass zielgerichtete Bewegungen möglich werden. Lernerfahrungen des Neugeborenen sind davon abhängig, ob seine Bedürfnisse erkannt werden und welche Anregungen ihm seine Umwelt – insbesondere seine primären Bezugspersonen – anbieten. Im Laufe des ersten Lebensjahres kann das Kind seine unmittelbare Lernumgebung bereits durch gezielte Greifbewegungen oder Hinkrabbeln mitbestimmen: Kinder lernen in dieser Zeit vor allem durch unmittelbares Erleben und die Reaktionen der Menschen um sie herum.

Was können Säuglinge in den ersten Lebensmonaten aufnehmen? Wie ist ihre Wahrnehmung organisiert und welche Bedürfnisse lassen sich jeweils für die pädagogische Arbeit ableiten? Im ersten Lebensjahr setzt sich die vor der Geburt begonnene neurologische Entwicklung rasant fort (vgl. Kap. 1). Dies zeigt sich an der stetigen Zunahme des Gehirnvolumens und damit einer „Explosion" der Neuronenverbindungen, die für die rasche Informationsverarbeitung und -weiterleitung entscheidend sind. Da diese Verbindungen im weiteren Entwicklungsverlauf wieder abnehmen, wird angenommen, dass die Reifungs- und Lernprozesse in den ersten Lebensjahren wesentlichen Einfluss auf den

Auf- und Abbau der neuronalen Strukturen nehmen. Säuglinge sind vermutlich bereits von Geburt an in der Lage, intermodal wahrzunehmen – d. h. verschiedene Sinneswahrnehmungen zu kombinieren. So konnte in Experimenten beobachtet werden, dass bereits Neugeborene ihre visuelle Aufmerksamkeit in die Richtung lenken, aus der sie ein Geräusch wahrgenommen haben (vgl. Pauen & Rauh 2008).

Die fortschreitende Entwicklung des Gehirns und die Verschaltung verschiedener Hirnregionen tragen zur Koordinierung und Verinnerlichung unterschiedlicher Körper- und Sinneserfahrungen bei. Im Bereich der visuellen Wahrnehmung wird von Geburt an die Entwicklung verschiedener Kompetenzen – z. B. Farbwahrnehmung oder Sehschärfe – angebahnt. Angeborene Wahrnehmungsschemata ermöglichen es Säuglingen, Gesichter zu erkennen und darauf mit gesteigerter Aufmerksamkeit zu reagieren. Obwohl die visuelle Wahrnehmung nach der Geburt am wenigsten entwickelt ist, machen Babys in den ersten Lebensmonaten große Entwicklungsschritte: Während Neugeborene bereits in der Lage sind, sprunghaft und zeitverzögert visuellen Reizen zu folgen, entwickelt sich erst ab dem vierten Lebensmonat die Fähigkeit, bewegte Objekte mit dem Blick zu begleiten. Auch die Tiefenwahrnehmung entwickelt sich im ersten Lebenshalbjahr parallel zur Lokomotion, d. h. der selbst gesteuerten Bewegung im Raum. So können Säuglinge bereits im Alter von zwei Monaten verschiedene Farben unterscheiden. Mit einem halben Jahr entspricht ihre Sehschärfe in etwa der von Erwachsenen (vgl. Bertin, Caccione & Wilkening 2006).

Säuglinge haben eine angeborene Sensibilität für „bindungsstiftende" Sinneswahrnehmungen (Ahnert & Gappa 2008). Sie nehmen von Geburt an menschliche Gesichter zunächst schemenhaft mit zunehmender Differenzierungsfähigkeit und großem Interesse wahr und bevorzugen dabei in der Regel das Gesicht ihrer Mutter. Die soziale Bezogenheit und Präferenz des Säuglings zeigen sich auch in Bezug auf Geräusche und Gerüche: Babys reagieren besonders sensibel auf die Stimme ihrer Mutter und nutzen ihren Geruchssinn, um die Brust der Mutter zielsicher aufzuspüren. Als Orientierungshilfe im Alltag dienen Kindern vom ersten Tag an wiederkehrende Handlungsmuster und Bewegungsabläufe, die von den Kindern erinnert und erwartet werden. Selbst geringe Abweichungen von ritualisierten Abläufen führen zu Irritationen und werden mit deutlichem Protest beantwortet.

Ritualisierte Abläufe

Durch frühe Imitation und wechselseitige Nachahmungs-Dialoge mit den Eltern stehen Säuglinge von Anfang an im sozialen Austausch mit ihrer Umwelt und lernen, die emotionalen Signale ihrer Bezugspersonen zu deuten. Bereits Neugeborene verfügen über die Fähigkeit, Lautäußerungen und Gesten wie das Herausstrecken der Zunge oder das Spitzen der Lippen (unwillkürlich) zu imitieren (vgl. Hauf 2008). Zur Regulation ihres Verhaltens nutzen Kinder zwischen dem vierten und siebten Lebensmonat emotionale Hinweisreize, indem sie in unbekannten oder uneindeutigen Situationen den Kontakt zu ihren Bezugspersonen suchen. Je nach Reaktion (Gesichtsausdruck, Stimmlage) der Bezugsperson bekommen sie die Mitteilung, ob ein Gegenstand oder eine Handlung Lächeln hervorruft, d. h. wünschenswert ist, oder Erschrecken auslöst und Gefahr bedeutet. Dadurch lernen sie, ihr Verhalten auf die Reaktion ihrer Umwelt abzustimmen. Man spricht in diesem Zusammenhang von „sozialer Rückversicherung". Im ersten Lebensjahr verbessert sich schrittweise die Fähigkeit, den Emotionsausdruck der Bezugspersonen zu deuten und daraus handlungsrelevante Informationen zu gewinnen (Petermann & Wiedebusch 2003).

Soziale Rückversicherung

Im zweiten Lebensjahr nimmt die Aufmerksamkeitsspanne deutlich zu und ermöglicht Toddlern die zeitliche Abfolge auch komplexer Handlungen zu beobachten und im Gedächtnis zu behalten (vgl. Hauf 2008; Spangler & Schwarzer 2008). Die Beobachtung von Handlungen im gemeinsamen Spiel fördert nicht nur die Handlungskompetenz der Kinder, sondern vermittelt ihnen bedeutsame Informationen über unbekannte Gegenstände. Studien aus den 1990er-Jahren kommen zu dem Ergebnis, dass Kinder ab dem zweiten Lebensjahr sowohl über analytische (auf einzelne Merkmale ausgerichtete) als auch über holistische (ganzheitlich orientierte) Wahrnehmungs- und Differenzierungsfähigkeiten verfügen (vgl. Spangler & Schwarzer 2008). Die Kinder verfügen nun in aller Regel über eine hohe Sehschärfe und Kontrastsensitivität, sodass sie Farben, Objekte und Bewegungen ähnlich wahrnehmen können wie ältere Kinder und Erwachsene. Auch die auditive Wahrnehmung ist ab dem Alter von zwei Jahren voll ausgebildet, sodass Kinder verschiedene Töne, Klänge sowie Lieder differenzieren können. In den ersten drei Lebensjahren verfügen Kinder noch über keine kulturell geprägten Präferenzen hinsichtlich Musik und Sprache. Die taktile Wahrnehmungsfähigkeit ist mit zwei Jahren soweit ausgebildet, dass Kinder mit ihren Händen, Fingern und insbesondere Fingerkuppen verschiedene Objekteigenschaften wie Wärme, Größe und Form auf differenzierte Weise erfassen können.

Als-Ob-Repräsentationen

Am Ende des ersten Lebensjahres besteht die Welt des Kindes vor allem aus wahrnehmbaren und realen Gegenständen, anderen Kindern und Erwachsenen, ihnen selbst und ihrem unmittelbaren Erleben und Fühlen. Mit dem Übergang zum zweiten Lebensjahr erweitert sich die Welt des Kindes um die Welt der Vorstellung – mit ihren „Als-Ob-Repräsentationen" in Bildern, Gesten, Zeichnungen, Liedern oder Spielen (Pauen & Rauh 2008). Toddler erweitern durch zunehmend autonome Lokomotion ihren Aktionsspielraum und machen sich als wissbegierige Forscher und Entdecker auf den Weg. Sie entwickeln den unbedingten Willen, die Welt mit so wenig Hilfe von außen wie möglich zu entdecken und sich so als selbstwirksame Akteure zu erfahren. Entsprechend kreisen die zentralen Entwicklungsthemen im zweiten und dritten Lebensjahr um Autonomie, Kontrolle und Exploration.

Ab etwa 18 Monaten können sich Kinder in die Gefühle und Interessen anderer hineinversetzen und äußern Versuche zu trösten oder zu helfen. Dadurch zeigen sie nicht nur ihre Hilfsbereitschaft, sondern ihr Verständnis davon, welches Ziel – unabhängig von eigenen Zielvorstellungen – die andere Person gerade anstrebt (vgl. Hauf 2008). Sie entwickeln nach und nach das Ich-Bewusstsein, dass sie sich mit ihren Bedürfnissen und Empfindungen von Anderen unterscheiden und eine stabile, überdauernde Identität besitzen. Dadurch, dass sie für ihre individuellen Anliegen und Vorstellungen z. B. mit einem deutlichen „Nein!" eintreten können, entwickeln sie eine neue Stufe der Autonomie und neue Erfahrungsräume. Dabei stoßen Kinder im zweiten und dritten Lebensjahr immer wieder an die Grenzen ihrer eigenen Fähigkeiten, ihrer Umwelt und der Erwachsenen (Viernickel 2004a).

Trotzphase – eine Autonomiephase

Die so genannte „Trotzphase" ist eigentlich eine Autonomiephase, die im Alter zwischen 18 und 30 Monaten in der Regel für die Dauer weniger Wochen auftritt und in der die Selbstbehauptung die wichtigste kindliche Motivation darstellt. Kinder haben das Bedürfnis, selbstständig zu sein („Selbst machen!") und sich aus der Abhängigkeit der elterlichen Rundumversorgung zu lösen („Alleine!"). Sie können lernen, mehr Verantwortung für ihre eigenen Entscheidungen zu übernehmen und zu akzeptieren, dass Entscheidungen Konsequenzen haben, und damit verbundene unangenehme Emotionen wie Enttäuschung oder Ärger selbst zu regulieren und Konflikte zu lösen. Da sich Kinder in den ersten drei Lebensjahren noch besonders schwer tun, ihre Bedürfnisse aufzuschieben (geringe Frustrationstoleranz) und gleichzeitig immer wieder an ihre Fähigkeitsgrenzen stoßen, sind Wutanfälle oftmals die einzige Möglichkeit, ihren heftigen Gefühlen Ausdruck zu verleihen. Trotzreaktionen entstehen vor allem in Situationen, in denen Erwachsene die kindlichen Handlungen unterbrechen und dadurch das kindliche Selbst kränken. Daher brauchen Kinder nicht nur während der Autonomiephase einerseits Spielräume für selbstständiges Handeln, andererseits klare Spielregeln und Grenzen. Entscheidend ist, dass das Kind sich als Person wertgeschätzt und angenommen fühlt. Gelingt dies auch in der konfliktreichen Zeit der „Trotzphase", können Kinder lernen, dass Konflikte und Auseinandersetzungen alltäglich und lösbar

Spielräume für selbstständiges Handeln – klare Spielregeln und Grenzen

sind, auch negative Gefühle ausgedrückt werden dürfen und sie auch nach einer Auseinandersetzung noch „gemocht werden". Kinder erfahren, dass es wichtig ist, einen eigenen Willen zu entwickeln – selbst gegen den Widerstand der Erwachsenen.

Im zweiten Lebensjahr lernen Kinder zunehmend durch Nachahmung und Spiel – mit ihren erwachsenen Bezugspersonen, aber auch in Spielbeziehungen zu Gleichaltrigen. Sobald Kinder auf andere Kinder treffen, zeigen sie Interesse und versuchen, Kontakt zueinander aufzunehmen. Interaktionen zwischen Kindern sind in diesem Alter durch gemeinsame Spielvorhaben, aber auch durch das Bestreben motiviert, die Unterschiede und Gemeinsamkeiten zwischen sich selbst und dem Spielpartner zu entdecken. Kinder stellen sich der vielfältigen Herausforderung, eigene Spielideen gemeinsam mit anderen Kindern umzusetzen, sich mitzuteilen, Interessenkonflikte und Missverständnisse zu lösen. Auf diese Weise entwickeln Kinder etwa bis zum Ende des zweiten Lebensjahres ein Verständnis darüber, dass verschiedene Menschen in ihrem Handeln ein gemeinsames Ziel verfolgen können und welche Rollen und Aufgaben dem Einzelnen jeweils zukommen (vgl. Hauf 2008). Durch das gemeinsame Spiel gewinnt die sprachliche Kommunikation zunehmend an Bedeutung.

Von der Beobachtung zur Interaktion

Was bereits im ersten und zweiten Lebensjahr durch Kompetenzen in Sprachwahrnehmung und nonverbaler Kommunikation grundgelegt wurde, wird im Laufe des zweiten Lebensjahres zu ersten Worten und einfachen Sätzen ausgebaut. Kinder lernen sich nun sprachlich mitzuteilen und sprachliche Mitteilungen von anderen zu verstehen. Kinder zwischen dem zweiten und vierten Lebensjahr machen entscheidende Fortschritte in der Bildung ihrer ersten Worte, dem Aufbau ihres Wortschatzes, erster Satzkonstruktionen und der Verwendung zunehmend komplexer Sätze (vgl. Spangler & Schwarzer 2008).

Die lexikalische Sprachentwicklung beginnt etwa am Ende des ersten Lebensjahres und „explodiert" nahezu mit etwa 18

Phase des schnellen Lernens neuer Begriffe

Monaten, wenn die Kinder täglich viele neue Wörter lernen und anwenden. Diese Phase des schnellen Lernens neuer Begriffe umfasst schließlich das gesamte Vorschulalter, wobei der passive etwas schneller als der aktive Wortschatz wächst. Der jeweilige Zeitpunkt der ersten Wörter und der Benennungsexplosion ist individuell unterschiedlich und kann in einer Zeitspanne von sechs bzw. zwölf Monaten variieren. In der Regel umfasst der aktive Wortschatz von Zweijährigen bereits einen Umfang von mindestens 50 Wörtern. Das Verstehen und Sprechen der ersten Worte schafft eine wesentliche Grundlage, um erste syntaktische Wortkombinationen zu bilden: Erst durch die sprachliche Benennung werden individuelle Erfahrungen zu Gegenständen, über die man auch sprechen kann (Winner 2007). In den ersten drei Lebensjahren lernen Kinder Worte kennen, die ihnen im Rahmen ihrer unmittelbaren Erfahrungen begegnen und sie entwickeln subjektive Begriffe für das, was sie erleben. Im Laufe der weiteren Entwicklung erweitern und differenzieren sich die Wortbedeutungen hin zu Alltagsbegriffen, d. h. allgemeingültigen und verständlichen Begriffen der Alltagssprache sowie objektiven wissenschaftlichen Begriffen (Winner 2007).

Sind die kindlichen Sprachäußerungen in der Phase der Einwortsätze stark kontextabhängig, zeigen Kinder zunehmend einen Sinn für die Bedeutungsrelation ihrer Worte und wenden erste grammatikalische Regeln an. Sie erwerben in den ersten Lebensjahren – ganz nebenbei ohne gezielten Unterricht – eine verblüffende „Grundgrammatik", experimentieren mit den „Bausteinen" der Sprache, indem sie Sätze immer wieder neu zusammenbauen und ihre Wirkung prüfen (Winner 2007, S. 65f.). Einfache kurze Sätze können Kinder meist ab dem dritten Lebensjahr bilden, wobei bereits ab dem zweiten Lebensjahr die Länge von Dialogen zunimmt. Zweijährige sind bereits in der Lage, sich an die Sprechweise ihres Gesprächspartners anzupassen und versuchen, Missverständnisse in der Kommunikation aufzuklären (vgl. Spangler & Schwarzer 2008).

Eine verblüffende „Grundgrammatik"

Grundsätzlich verfügen Kinder von Geburt an über individuelle Kompetenzen und die Fähigkeit, ihre Bedürfnisse mitzuteilen. Kinder brauchen Erwachsene nicht dazu, ihnen Sprache beizubringen, sondern dafür, ihnen eine möglichst umfassende und differenzierte Sprachentwicklung zu ermöglichen (Winner 2007).

Wesentliche Voraussetzungen für die Sprachentwicklung

Für die Sprachentwicklung gibt es zwei wesentliche Voraussetzungen bzw. Einflussfaktoren: Zum einen wird davon ausgegangen, dass das Kind nach regelhaften Strukturen im sprachlichen Input sucht und sich Schritt für Schritt über eigene Vorannahmen und Ausprobieren der erwachsenensprachlichen Realisierung annähert. Sprachliches Lernen braucht zum anderen den wechselseitigen Austausch mit einem Gegenüber im Dialog. Das kindliche Sprachlernen wird vermutlich durch Lernmechanismen wie *constraints* (Vorannahmen) und so genanntes *bootstrapping* (Steigbügelhalten) unterstützt. Das bedeutet: Hat das Kind eine sprachliche Regel erkannt, kann es diese zum Entschlüsseln einer weiteren Regel einsetzen.

Für das Erlernen von Wortbedeutungen gelten strukturierte Interaktionen und sprachunterstützendes Verhalten der Eltern als besonders bedeutsam. So erweisen sich die so genannte „Ammensprache", d. h. die mütterliche bzw. väterliche Sprech- und Sprachweise in erhöhter Tonlage, oder die Nutzung kindgemäßer Bezeichnungen (z. B. „Wau-wau" für Hund) als förderlich für die kindliche Sprachentwicklung. Der stützende Sprechstil *scaffolding* setzt einen gemeinsamen Aufmerksamkeitsfokus von Mutter und Kind voraus und unterstützt durch regelmäßige sprachlich begleitete Tätigkeiten (z. B. beim Wickeln und Füttern) das Wortlernen. Ab etwa dem dritten Lebensjahr kommt der lehrende Sprechstil *motherese* hinzu und ist gekennzeichnet durch direkte Sprachanregung wie das Fragenstellen. Durch das Sprechen über Objekte wird dem Kind deren emotionale Bedeutung vermittelt, da eine enge Beziehung zwischen Gefühlen, Gedanken und Sprache besteht.

Auch das Temperament, das Verhalten und die jeweiligen Erfahrungen des einzelnen Kindes können seine Sprachentwicklung beeinflussen. So lernen aktive Kinder, die häufig Gespräche initiieren, rasch ihre Gefühle und Bedürfnisse sprachlich auszudrücken und schaffen sich dadurch vielfältige weitere Möglichkeiten, sprachliche Erfahrungen zu sammeln (vgl. Spangler & Schwarzer 2008). Kinder, die stimmliche bzw. sprachliche Interaktionen als angenehm und effektiv erlebt haben und viele Gelegenheiten zur Kommunikation mit ihren Bezugspersonen hatten, sprechen mehr (Winner 2007). Dabei ist vor allem die Qualität der Gespräche entscheidend: Kinder lernen am effektivsten im Miteinander, im Dialog mit ihren Gesprächspartnern, die sich und ihre Sprache (z. B. in Stimmlage, Stimmumfang, Artikulation) intuitiv an die des Kindes anpassen (Papousek 1998).

Fühlen – Denken – Sprechen

Kinder im Alter bis zu drei Jahren verstehen keinen Oder-Satz, obwohl sie durchaus Entscheidungen treffen können. Auf die Frage „Möchtest du Tee oder Saft?" antworten sie meist mit „ja", wenn sie eines davon haben wollen. Auch bei Wiederholung der Frage bleiben die Kinder beim Ja oder Nein. Erst wenn der Satz getrennt und die Alternativen nacheinander angeboten werden, kann sich das Kind wirklich entscheiden. Oder-Sätze verlangen von Kindern zu viel auf einmal. Das Kind muss erst die Bedeutung der Wörter analysieren und sich ein Bild von den Alternativen machen. Dann muss es abwägen und sich entscheiden. Kognitionen und Emotionen bilden die entscheidenden Grundlagen von Sprache. Und Sprache ist mit dem (Er-)Leben jedes Kindes untrennbar verbunden (vgl. Winner 2007, S. 67).

Kognitionen und Emotionen – die entscheidenden Grundlagen von Sprache

Vom Begreifen zum Wissen

In den ersten Lebensjahren sammelt ein Kind vielfältiges Wissen über die unmittelbare physikalische Welt, sein soziales Umfeld und die Beziehungen zwischen beiden Welten (DeLoache 2000). Frühzeitig bilden sich Denkstrukturen, um die Erfahrungen und Kenntnisse zu organisieren. So sind wenige Monate alte Säuglinge bereits in der Lage, Sprachlaute, Gesichter sowie mimischen Ausdruck von Emotionen zu unterscheiden (vgl. Sodian 2008). Säuglinge können sowohl grundlegende Kategorien (z. B.

Katzen, Giraffen) als auch übergeordnete Begriffe (z. B. Fische, Katzen, Möbel) bilden. Werden den Babys nacheinander Objekte (z. B. Katzen) der gleichen Kategorie präsentiert, lässt ihr Interesse nach, und sie betrachten die Objekte zunehmend kürzer (= Habituation). Wird ihnen daraufhin eine Abbildung eines Objekts einer anderen Kategorie (z. B. Giraffe) gezeigt, erhöht sich das Interesse wieder (= Dishabituation). Dieser Effekt ist auch im Hinblick auf übergeordnete Kategorien zu beobachten (vgl. Sodian 2008) und spricht für ein grundlegendes Begriffswissen der Kinder.

Doch wie entsteht dieses frühkindliche „Weltwissen"? Zahlreiche Befunde sprechen dafür, dass sich kindliche Begriffsbildung stark domänen- und kontextspezifisch entwickelt. Das bedeutet, dass verschiedene Begriffe nach bestimmten Grundmerkmalen klassifiziert werden (vgl. Sodian 2008). So scheinen Kinder Informationen über Tiere und Menschen von Geburt an anders zu verarbeiten als über unbelebte Objekte (vgl. Pauen & Rauh 2008). Während Kinder Lebewesen Absichten zuschreiben, nutzen sie zur Vorhersage von Objekteigenschaften physikalisches und damit domänenspezifisches Vorwissen. Die Fähigkeit, Objekte nach ihrer Art zu unterscheiden, ist wesentliche Voraussetzung für die Zuordnung noch unbekannter Gegenstände und das Übertragen vorhandenen Wissens auf neue Situationen (Pauen & Rauh 2008). Aktuelle Entwicklungstheorien gehen davon aus, dass sich kindliche Begriffssysteme im Zusammenspiel von domänenspezifischer Informationsverarbeitung einerseits und einem gewissen Maß an Erfahrung bzw. Input aus der Umwelt andererseits entwickeln und sich schrittweise verändern (vgl. Sodian 2008).

Mit dem Spracherwerb schreitet die Entwicklung begrifflichen Wissens ab dem Alter von 18 Monaten stetig voran. Das Kind erkennt, dass alles eine Bezeichnung hat und lernt auf diese Weise immer wieder neue und differenziertere Begriffe für Objekte und ihre Eigenschaften kennen. Dadurch werden allgemeines Wissen über die Umwelt und spezifische Kenntnisse über bestimmte Objekte aufgebaut (Spangler & Schwarzer 2008). Die Fortschritte im sprachlichen Ausdruck und Verstehen stellen wichtige Weichen für die kognitive Entwicklung, da der fortschreitende Spracherwerb die Denkfähigkeit des Kindes anregt und differenziert. Die sprachliche Erfassung hilft, Kategorien zu bilden und Erfahrenes zu ordnen sowie zu klassifizieren. Mithilfe der Sprache entwickeln Kinder im zweiten Lebensjahr zunehmend differenziertere innere Vorstellungen (Repräsentationen) von Objekten und Handlungen (Kasten 2005): „Die Sprache befreit das Kind sozusagen von seiner unmittelbar anschaulich gegebenen Umwelt. Es kann sich damit aus seiner Gegenwart lösen und sich vorstellen, was es z. B. mit einem nicht vorhandenen Ball tun könnte" (Kasten 2005, S. 137).

4.2 Bildungsbegleitung im Dialog mit dem Kind

Bildung braucht Engagiertheit und Wohlbefinden

Kinder, die sich wertgeschätzt und verstanden fühlen, zeigen Engagiertheit und Wohlbefinden – wesentliche Kennzeichen gelingender Bildungs- und Entwicklungsprozesse (Winter 2004). Engagiertheit bedeutet, dass ein Kind sich aktiv, selbstbestimmt und aus eigenem Antrieb mit einer Sache beschäftigt. Dies setzt voraus, dass die Herausforderung den Fähigkeiten des Kindes angemessen ist und es nicht überfordert. Engagiert tätige Kinder zeigen ein hohes Maß an

- **Ausdauer und Konzentration:** Sie lassen sich nicht ablenken und sind vollständig bei ihrer Tätigkeit
- **Kreativität und Explorationsfreude:** Sie nehmen Herausforderungen an und gehen an ihre Grenzen
- **Freude und Befriedigung:** Sie sind begeistert und fühlen sich sichtlich wohl und angeregt bei dem, was sie gerade tun.
- **Genauigkeit und Präzision:** Sie achten auf Details und lassen sich in ihrem Tun Zeit, um nichts zu übersehen
- **Energie:** Sie mobilisieren bei ihrem Tun viel eigene Energie und zeigen Ausdauer (Mayr & Ulich 2003).

Engagiertheit lässt sich vor allem im kindlichen Spiel beobachten. Kinder spielen bis zu neun Stunden am Tag und vertiefen sich umso intensiver in ihre Aktivitäten, je jünger sie sind. Kinder unterscheiden – im Gegensatz zu den Erwachsenen – nicht zwischen Spielen und Lernen, sondern begegnen der zu entdeckenden Welt auf spielend-lernende Weise (Pramling Samuelsson 2009). Ein spielend-lernendes Kind wechselt ab zwischen Spielen und Forschen. Es konstruiert Sinnzusammenhänge, kommuniziert und interagiert, um das innere Bild seiner Welt zu entwickeln. Das kindliche Spiel ist von den Interessen des Kindes geleitet und ermöglicht ihm durch kreatives Tun vielfältige soziale, emotionale und kognitive Erfahrungen. Das Spiel an sich ist eine freiwillige, selbstbestimmte Beschäftigung, die ihr Ziel in sich selbst hat und jederzeit vom Kind verändert werden kann.

Spielerisches Lernen ist lustbetont und lehrreich zugleich – somit lassen sich in jedem Spiel lernrelevante Aspekte wie die Konzentration, die Kreativität und das „Denken in Möglichkeiten" entdecken (vgl. Pramling Samuelsson 2009). Engagiertheit im Spiel ist eine Voraussetzung für gelingende Bildungsprozesse, kann durch gezielte Spielimpulse angeregt werden und erfordert förderliche Spiel- und Lernbedingungen: eine heitere Lernatmosphäre, ausreichend Zeit und Raum, vielseitige Materialien, Spiel- und Gesprächspartner, Anregungen für eigene und neue Projekte, Entscheidungsfreiheit und Ruhe (Haug-Schnabel & Bensel 2006).

Spielformen im Entwicklungsverlauf

Die früheste Form des Spielens ist das Funktionsspiel. Es ist geprägt von der Freude an der Berührung und am Entdecken. Während sensomotorische Spiele vor allem das Erleben des eigenen Körpers und seiner Bewegungen in den Mittelpunkt stellen, lernen Kinder in Entdeckungs- und Wahrnehmungsspielen behutsam neue Gegenstände mit allen Sinnen kennen. Anfangs explorieren sie neugierig und scheinen gespannt zu fragen: „Was ist das?" Sobald sie sich mit dem Gegenstand vertraut gemacht haben, entspannen sie sich und gehen spielend der Frage nach:

„Was kann ich damit tun?" Kinder begreifen Objekte, nehmen ihre Geräusche wahr und sind zunehmend fasziniert, wenn Dinge verschwinden und wieder auftauchen. Kinder haben Freude daran, selbst Objekte zu beeinflussen (z. B. sie zu bewegen), mit ihnen zu experimentieren und sie in Gestaltungs- und Konstruktionsspielen umzugestalten.

Mit etwa zwei Jahren entwickeln Kinder das Symbol- bzw. das Als-ob-Spiel. Sie beginnen, sich für Spielgegenstände und -handlungen neue Bedeutungen auszudenken (z. B. nasser Sand wird zu Kuchen) oder Gegenstände durch Worte zu ersetzen. Das Symbolspiel erweitert sich zum regelgeleiteten Rollenspiel, in dem die Kinder alleine oder gemeinsam mit anderen neuartige Rollen und Verhaltensweisen erproben und lernen, sich in andere zu versetzen und einzufühlen (vgl. Kasten 2005; Friedrich 2008; Oerter 1993).

Für eine förderliche Entwicklung brauchen Kinder verlässliche Beziehungen (vgl. Kap. 2) und eine Umgebung, in der sie sich sicher und wohl fühlen, die ihnen angemessene Anregungen bietet und aktives Lernen unterstützt. Nutzen Säuglinge noch den unmittelbaren Lebensraum in der Nähe ihrer Bezugspersonen zum Spielen und Explorieren, gewinnen die Kinder mit zunehmendem Alter an Sicherheit und ihr Aktionsraum erweitert sich. Um unterschiedliche Lernerfahrungen machen zu können, brauchen Kinder nicht nur zunehmend mehr Raum, sondern auch möglichst vielfältige Orte unterschiedlicher Beschaffenheit. Frei zugängliche und vielseitig bespielbare Materialien regen die Fantasie und Kreativität an. Spielen und Lernen sind Ausdruck verschiedener Variationen zwischen Fantasie und Realität, zwischen gedanklicher Vorstellung und konkreter Situation und brauchen möglichst flexible Gestaltungsmöglichkeiten (Pramling Samuelsson 2009).

Kinder brauchen altersgleiche und altersferne Spiel- und Gesprächspartner (vgl. Kap. 3), um durch gemeinsames Erkunden, gegenseitige Imitation und Beobachtung die eigenen Grenzen zu erweitern und Gemeinsamkeiten, aber auch Unterschiede zu erleben. Das Spiel mit anderen unterstützt das Kind dabei, seine eigene Identität zu entwickeln und soziale Kompetenzen zu erwerben. Die Spielpartner bringen neue Ideen ein und regen sich gegenseitig zu weiteren gedanklichen Auseinandersetzungen an. Eine heitere und ruhige Lernatmosphäre unterstützt die Initiative der Kinder, Neues auszuprobieren und sich auf ein intensives Spiel einzulassen. Störungen hingegen – oftmals auch durch das Einmischen von Erwachsenen – unterbrechen den Spielverlauf, beeinträchtigen die Entscheidungsfreiheit und können kindliche Engagiertheit verhindern.

Bildung vollzieht sich im Dialog

Voraussetzung für gelingende Entwicklung und Bildung in der Tagesbetreuung ist die Entwicklungsbegleitung durch die pädagogische Fachkraft: Sie gibt Unterstützung und vielfältige Impulse, hört aufmerksam zu und moderiert die kindliche Exploration, um die Lernbereitschaft und Aktivität der Kinder anzuregen und zu begleiten. Die Erzieherin stellt auf der Basis einer verlässlichen Beziehung eine anregende Lernumgebung zur Verfügung – mit dem Ziel, jedem Kind individuelle und vielfältige Lernerfahrungen und den Erwerb neuen Wissens auch gemeinsam mit anderen zu ermöglichen. Grundlage für die angemessene Gestaltung der Lernumgebung sind regelmäßige Beobachtungen, die Aufschluss über den Bildungs- und Entwicklungsstand jedes Kindes sowie seine Sichtweise der Welt geben (vgl. Kap. 6).

Entwicklungsbegleitung durch die pädagogische Fachkraft

Die Erzieherin ist insbesondere bei jungen Kindern, die sich sprachlich noch nicht ausdrücken können, herausgefordert, aus dem kindlichen Tun, ihrer Mimik, Gestik und ihrer Laute, auf die Gedanken und Gefühle zu schließen. Entscheidend für die Anregung von Bildungsprozessen ist nicht, was das Kind (noch) nicht kann, sondern das, was es ausdrückt, was es interessiert und wonach es fragt. Die Erzieherin entdeckt die kindlichen Kompetenzen und die Variationen kindlichen Handelns, indem sie Interesse am Kind zeigt und bereit ist, seine Perspektive einzunehmen (Pramling Samuelsson 2004). Durch einen „Dialog ohne Worte", in dem die pädagogische Fachkraft dem Kind und

Dialog ohne Worte

seinem Handeln aufmerksam folgt und in einer fragend-beobachtenden Weise antwortet, ist es möglich, die kindlichen Signale in den ersten Lebensmonaten ohne Sprache zu entschlüsseln (Freter 2004).

Bildung vollzieht sich als ko-konstruktiver Dialog, in dem die Perspektive des Kindes mit der Sicht der Erzieherin zusammentrifft. Eine tragfähige Beziehung zwischen Erzieherin und Kind ermöglicht ein gemeinsames Erkunden, indem sich die Fachkraft an den Aktivitäten des Kindes beteiligt und auf diese Weise einerseits versucht, die Welt mit den Augen des Kindes wahrzunehmen. Andererseits lässt sie weiterführende Fragen und eigene Überlegungen behutsam einfließen. Die abwartende sowie anteilnehmende Haltung der pädagogischen Fachkraft, die im Zusammenspiel von Aufmerksamkeit, Achtung und Impulsgebung zum Ausdruck kommt, wird auch als „Impulsamkeit" bezeichnet (Henneberg 2004, S. 199). Auf diese Weise nimmt die Erzieherin nicht die Rolle der Belehrenden ein, sondern wird selbst zur Lernenden. Sie beendet den Bildungsprozess nicht vorzeitig durch vorschnelle Antworten und Lösungen, sondern hört auf die wirklichen Fragen der Kinder, nimmt ihre Impulse auf und regt ihrerseits durch eine offene, dialogische Grundhaltung und Nachdenklichkeit neue Sichtweisen und Erkenntnisse an (vgl. auch Remsperger 2008).

Impulsamkeit

Im folgenden Dialogbeispiel – während eines Spaziergangs zufällig mitgehört – wird deutlich, wie dies gelingen kann:
Kind: „Schau mal, ein Hund!"
Vater: „Ja, der sieht nett aus."
Kind: „Ich will auch einen Hund."
Vater: „Hm, was für einen Hund möchtest du denn?"
Kind (überlegt): „... einen Grünen!"
Vater: „Aha, einen Grünen (nachdenklich). Da müssen wir schauen, wo wir so einen finden. Grüne Hunde sind nämlich ziemlich selten... Hast du schon einmal einen grünen Hund gesehen?"

Offener Dialog

Der offene Dialog zwischen pädagogischer Fachkraft und Kind setzt voraus, dass
- sich das Kind sicher fühlt und seinem Gesprächspartner vertrauen kann
- das Kind sich in seinem „So-Sein" sowie mit seinen Fragen angenommen fühlt und sich für seine Gedanken und Gefühle nicht rechtfertigen muss
- beide Dialogpartner bereit sind, sich vom anderen beeinflussen zu lassen, von seinen Ideen, Gefühlen und Sichtweisen zu lernen (Klein 2004).

Feinfühliges Antwortverhalten der Erwachsenen

Kinder lernen am besten in einem positiven emotionalen Klima und durch ein feinfühliges Antwortverhalten der Erwachsenen. Eine feinfühlige Erzieherin bringt ihr Interesse und ihre Wertschätzung für die Aktivitäten und Äußerungen des Kindes sprachlich (Tonfall, Wortwahl) und nonverbal (Gestik, Mimik, Körperhaltung) zum Ausdruck und greift die emotionalen Äußerungen und Stimmungen des Kindes auf (Remsperger 2008). Zum wertschätzenden und dialogischen Verhalten der pädagogischen Fachkraft gehören Fragen, die die forschend-fragende Haltung des Kindes unterstützen und den Bildungsdialog zwischen Kind und pädagogischer Fachkraft anregen. „Denn: Nur wer viel weiß, fragt auch viel. Wer sich in einer Sache nicht auskennt, dem fallen dazu auch wenige Fragen ein. Und: Antworten schließen die Welt, Fragen öffnen sie. Erst, wenn einem etwas fraglich geworden ist, beginnt man weiter zu forschen. Die Frage ist wichtiger als die Antwort" (Klein & Vogt 2004, S. 209).

Fragen im Bildungsdialog

Fragen zu Beginn eines Dialogs:
- Erkundendes Fragen vermittelt dem Kind die dialogische Haltung des Erwachsenen, ein Interesse an dem, was es ausdrücken möchte und die Bereitschaft, sich von seiner Sichtweise beeinflussen zu lassen.

- Klärendes Spiegeln kann je nach Reaktion des Kindes einen Dialog auslösen, indem es sich weitere Gedanken über seine hinter der Frage stehenden Hypothesen macht bzw. diese erörtert.
- Dialogisches Fragen hat zum Ziel, das Kind und seine Weltsicht zu verstehen. Das Spiegeln ist eine besondere Form dialogischen Fragens. Dialogische Fragen sind abzugrenzen von Scheinfragen, die das Kind belehren wollen oder seine Frage abwerten.

Fragen während eines Dialogs:
- Dazu gehören Fragen, die die Aufmerksamkeit wecken und ein Staunen bewirken können: Woran erinnert mich das?
- Informationsfragen sind konkrete Fragen zu Formen, Strukturen, Maßen und Material von Objekten oder zum genauen Hergang einer Situation: Wer? Wann? Was? Wo?
- Vergleichsfragen beziehen sich auf Ähnlichkeiten, Unterschiede und Zusammenhänge und entstehen durch Veränderungen, Irritationen oder Beobachtungen.
- Handlungsfragen regen das Experimentieren an und schaffen neue, unerwartete Ergebnisse, die neuen Anlass für weiterführende Fragen geben: Was würde geschehen, wenn…?
- Fragen, die Probleme aufwerfen, dienen der Überprüfung einer Hypothese: Was müsste ich tun, um…?

Problematische Fragen, die den Dialog behindern:
- Warum-Fragen behindern den Dialog, weil sie ausfragen und häufig versteckte Vorwürfe oder Kritik enthalten: Warum hast du das gemacht?
- Geschlossene Fragen, die sich nur mit Ja oder Nein beantworten lassen, sind nicht forschend, sondern suchen oft nur nach richtigen oder falschen Antworten und schließen damit andere Lösungswege aus (Klein & Vogt 2004, S. 204f.).

Bildung orientiert sich am Kind

Die entwicklungsförderliche und feinfühlige Haltung der Erzieherin lässt sich mit dem Begriff der „Kindzentrierung" (Henneberg et al. 2004, S. 14f.) beschreiben, der seine Wurzeln in der Reformpädagogik hat. Kindzentriert zu denken und zu handeln, bedeutet:

Kindzentrierung

- Das einzelne Kind mit seinen individuellen Bedürfnissen, Interessen und Sichtweisen in den Blick nehmen. Bildung findet als offener und dialogischer Prozess statt, in dem die Kinder mit ihren jeweiligen Besonderheiten einbezogen werden.
- Die Welt mit den Augen des Kindes betrachten und dabei die eigenen Ziele und Deutungen zurückstellen. Bildung geschieht auf diese Weise durch eine gemeinsame „Neu-Konstruktion" der Wirklichkeit.
- Auf die kindlichen Kräfte vertrauen und dem Kind Zutrauen zeigen. Bildung braucht Gelegenheiten, in denen Kinder zeigen können, wie sie Probleme lösen und welche Kompetenzen und Vorerfahrungen sie dafür einsetzen.
- Die Erwartungen und Bewertungen des Erwachsenen zurücknehmen. Individuelle Bildungsprozesse erfordern Spielraum und Zeit für eigene Lösungswege und Zielsetzungen.
- Den Kindern das Wort geben: Bildung geschieht, indem Kinder sich mitteilen, Entscheidungen treffen, Verantwortung übernehmen und Maßstäbe setzen, die auch für Erwachsene verbindlich sind.
- Die Lebens- und Entwicklungsbedingungen des Kindes zur Grundlage pädagogischer Arbeit machen. Bildungsprozesse sind eingebunden und werden beeinflusst vom objektiven Lernumfeld der Kinder – und davon, wie sie dieses subjektiv erleben.
- Mit dem Kind in Dialog treten. Bildung vollzieht sich im Austausch unterschiedlicher Sichtweisen, ohne die verschiedenen Wahrheiten zu bewerten.

Kindzentrierung ist kein geschlossenes pädagogisches Konzept, sondern eine pädagogische Haltung, die vielseitig mit verschiedenen pädagogischen Ansätzen kombiniert werden kann. Betrachtet man die Typologie frühpädagogischer Ansätze, so unterscheiden sich diese danach, wie strukturiert sie sind und wieviel Einfluss jeweils das Kind und die pädagogische Fachkraft auf das Bildungsgeschehen haben. Während der strukturierte Ansatz in hohem Maße von der Erzieherin bestimmt wird und das Kind nur selten die Initiative ergreifen kann, gibt der offene Ansatz zwar einen klaren pädagogischen Rahmen für die Exploration des Kindes vor, lässt dem Kind aber viel Freiheit, zwischen den angebotenen Lernumgebungen zu wählen (Siraj-Blatchford 2007). Der kindzentrierte Ansatz orientiert sich an den Bedürfnissen, Interessen und Aktivitäten des einzelnen Kindes. „Kindzentrierung ist also so etwas wie der Maßstab für ein pädagogisches Handeln, das auf Selbstbildung setzt, Kinder als Akteure wahr- und ernst nimmt, ihnen Entscheidungsfreiheit zubilligt und sie nicht über einen Kamm scheren, sondern sie in ihren individuellen Stärken stützen und in ihren individuellen Schwächen fördern will" (Henneberg et al. 2004, S. 45).

Bildung braucht Vorbilder und Visionen
Kinder „spiegeln" sich in der Wahrnehmung ihrer Eltern und der pädagogischen Fachkräfte und bekommen so direkte und indirekte Rückmeldungen über das Bild, wie sie von anderen wahrgenommen werden (Bauer 2008). Wenn der Erwachsene die Stärken und Ressourcen des Kindes im Blick hat, kann dieses Feedback wegweisend für die Entwicklung des Kindes sein. Bezieht es sich lediglich auf seine Schwächen und negativen Seiten, ist es entmutigend. Die Resonanz, die ein Kind von seinen Bezugspersonen für seine Bemühungen erhält, kann seine Motivation fördern, neue Herausforderungen anzunehmen. Gerade bei Kindern, die durch ihr Verhalten anecken, schnell und häufig negative Rückmeldungen von ihrer Umwelt erhalten, ist es besonders wichtig, dass sie regelmäßig auch positive Resonanz über ihre Entwicklungsmöglichkeiten erhalten: Das Kind erfährt, dass ein Entwicklungspotenzial in ihm steckt, das ihm die Eltern oder die pädagogische Fachkraft zutrauen

Positive Resonanz über Entwicklungsmöglichkeiten

und für das es sich anzustrengen lohnt. Eine tragfähige Beziehung zwischen Kind und Erwachsenem sowie die wechselseitige Resonanz tragen dazu bei, dass auch schwierige Hürden und unangenehme Erfahrungen gemeinsam gemeistert werden können. Wenn Kinder ein Interesse oder Ziel mit einer Bezugsperson teilen können und keine Angst haben, Fehler zu machen oder aus Fehlern zu lernen, können sie Ausdauer, Frustrationstoleranz und Zuversicht in ihre Fähigkeiten entwickeln (vgl. Friedrich 2008). Auf diese Weise erhalten Kinder von ihren Bezugspersonen „Erlaubnisse", sich zu entwickeln und zu wachsen.

Der Funke der Begeisterung und Neugier kann jedoch nur dann überspringen, wenn sich Eltern und pädagogische Fachkräfte selbst für eine Sache begeistern können. Die Lernmotivation junger Kinder kann am besten unterstützt, gestärkt und vertieft werden, wenn im pädagogischen Alltag eine Balance zwischen den von den Kindern initiierten Aktivitäten und Impulsen der pädagogischen Fachkräfte gelingt.

4.3 Kindgerechte Tagesabläufe und anregende Lernumgebung

Bildung und Bindung durch Rituale

Rituale – Strukturierungs- und Orientierungshilfen im Alltag

Füttern, wickeln, schlafen, kuscheln, spielen – regelmäßige Handlungen bestimmen seit der Geburt den täglichen Rhythmus eines Kindes und geben ihm Sicherheit und Orientierung. Wiederkehrende, vorhersehbare Ereignisse gehören zu den ersten kindlichen Erfahrungen. Sie vermitteln Geborgenheit, schaffen Vertrauen und prägen früh das kindliche Bild von seiner Umwelt, seinen Bezugspersonen und sich selbst. Kinder haben ein Bedürfnis nach festen Gewohnheiten und ritualisierten Abläufen bei alltäglichen Handlungen, aber auch bei besonderen Anlässen, wie z.B. dem Feiern von Festen. Rituale und Ritualisierungen greifen das kindliche Sicherheits- und Ordnungsbedürfnis auf und stellen wichtige Strukturierungs- und Orientierungshilfen im Alltag dar. Übergangsrituale helfen, schwierige Situationen wie Trennung oder Streit zu bewältigen, und unterstützen die Regulation unangenehmer Gefühle (z. B. Trauer, Enttäuschung und Angst). Gemeinsame Rituale regeln das soziale Miteinander und stärken das Wir-Gefühl in Gruppen (Niesel 2008a; Gebauer & Wulf 1998).

Ein erheblicher Teil der frühkindlichen Bildung vollzieht sich in Form von Ritualen, die soziale, gesellschaftliche sowie kulturelle Werte und Botschaften vermitteln. Ritualisierte Handlungen in regelmäßigen Pflegesituationen tragen dazu bei, dass „im sozialen Austausch zwischen dem Kind und seiner Betreuungsperson...ausgeprägte Wahrnehmungs- und Handlungszyklen (entstehen), in denen der Säugling immer wieder Handlungen wahrnimmt und selbst anbietet" (Ahnert & Gappa 2008, S. 76). Durch die Feinabstimmung zwischen Kindverhalten und Reaktion der Bezugsperson entstehen regelmäßige Bildungsdialoge, die das emotionale Band stärken und auf der Grundlage von Nachahmung und Beobachtung neue gemeinsame (Lern-)Erfahrungen ermöglichen.

Die Arbeit mit Kindern in den ersten drei Lebensjahren ist mit viel körperlicher und emotionaler Zuwendung und intensiver Nähe zum Kind verbunden. Dies kommt in besonderem Maße in der Begegnung zwischen Kind und Bezugsperson bei der beziehungsvollen Pflege zum Ausdruck (Niesel & Wertfein 2009). Die ungarische Kinderärztin Emmi Pikler (1902 – 1984) beschreibt Alltagsroutinen wie das Wickeln, Baden und Füttern als Gelegenheiten durch exklusive Zweierzeit die Beziehung zwischen Kind und Erzieherin zu stärken, da sich beide durch Blickkontakt, Berührung und achtsame Interaktion begegnen und miteinander noch vertrauter werden (können). Gerade in der Wickelsituation kann sich die Erzieherin dem Kind eine gewisse Zeit individuell zuwenden, indem sie mit ihm spricht und ihre Tätigkeiten sprachlich begleitet. Die körperliche Pflege wird auf diese Weise zu einer bedeutsamen Situation, in der das Kind wichtige emotionale und sprachliche Erfahrungen sammeln kann. In der Pflegesituation lernt das Kind, seine Bedürfnisse,

Beziehungsvolle Pflege

Wünsche und sein Befinden mitzuteilen und sich als selbstwirksam zu erleben: Ich nehme Einfluss auf das Geschehen. Es macht die Erfahrung, als Person wahrgenommen, berührt und respektiert zu werden (von Allwörden & Drees 2006). Die sprachliche Begleitung, die Ankündigung einer Handlung sowie die Verbalisierung der kindlichen Reaktionen unterstützen das Vertrauen und die Aufmerksamkeit des Kindes und helfen der Erzieherin mit ihrer Aufmerksamkeit feinfühlig beim Kind zu bleiben. Indem sie dem Kind Angebote zur Mitgestaltung macht, kann sie es an ihren Handlungen beteiligen und seine Selbstständigkeit fördern: „Gibst du mir deinen Arm?" „Reichst du mir die frische Windel?" (vgl. Bensel & Haug-Schnabel 2008). Auf diese Weise kann das Kind mitbestimmen und zum Ausdruck bringen, wieviel Nähe und körperliche Zuwendung es sich von der Erzieherin wünscht.

Beziehungsvolle Pflege nach Emmi Pikler (Pikler, Tardos et al. 2002; Tardos 2003) kommt zum Ausdruck
- in liebevollem Respekt vor dem Kind
- in ungeteilter Aufmerksamkeit
- in behutsamen Berührungen
- in sprachlicher Ankündigung und ruhiger Begleitung der Handlungen, die das Kind zur Kooperation und zum Dialog anregen (vgl. Niesel & Wertfein 2009).

Besonders förderlich für die kognitive und sprachliche Entwicklung der Kinder in den ersten drei Lebensjahren sind die häufige sprachliche Anregung und das Eingehen auf kindliche Kommunikationsversuche. Erwachsene sind gerade in den ersten Lebensjahren wichtige Dialogpartner, da die Kommunikation unter den Kindern in diesem Alter noch nicht sehr ausgeprägt ist (Bensel & Haug-Schnabel 2008). Die Herausforderung für die Erzieherin besteht darin, über den Tag verteilt immer wieder Momente zu finden, in denen der ko-konstruktive Dialog mit einzelnen Kindern möglich ist.

Ko-konstruktiver Dialog

Kindorientierte Tagesabläufe schaffen

Bei der Strukturierung des Tagesablaufs in der Kindertageseinrichtung kommt es darauf an, einerseits sinnlich wahrnehmbare Strukturen vorzugeben, an denen sich die Kinder orientieren können. Andererseits ist es wichtig, dass den Kindern Freiräume für Eigenaktivitäten zugestanden werden und sie so die Möglichkeit bekommen, ihren Alltag ohne den Einfluss der Erwachsenen alleine und in der Gruppe zu gestalten. Gerade Kinder in den ersten drei Lebensjahren haben ihr eigenes Tempo und achten nicht auf die Uhr, wenn sie auf Entdeckungsreise gehen und Erfahrungen sammeln. Sie denken in Ereigniszeiten, versenken sich in das, was sie gerade tun und „richten ihr Leben nach Ereignissen, Begebenheiten, Ideen und Erlebnissen ein" (Klein 2004, S. 173). „Ereigniszeit-Menschen" tun Dinge dann, wenn es soweit ist, sie lassen sich auf mehrere Dinge gleichzeitig ein und lassen sich von ihrer Neugier und neuen Ideen leiten. Kinder sind immer beschäftigt, auch wenn sie – aus der Sicht der Erwachsenen – scheinbar nichts tun. Sie machen Pausen, wenn sie ihre Eindrücke verarbeiten müssen, gehen neuen Ideen nach und kehren zu früheren Tätigkeiten zurück – ganz ohne ein zwingendes Nacheinander der Ereignisse (Klein 2004). Erwachsene hingegen sind es gewohnt, ihre Tätigkeiten nach Zeitplänen auszurichten. Sie sind im Umgang mit Zeit wenig flexibel und haben meistens zu wenig oder gar keine Zeit. „Uhrzeit-Menschen" sind getrieben von der Überzeugung, dass Geplantes nicht zu einem späteren Zeitpunkt nachgeholt werden kann. Dadurch fällt es ihnen schwer, sich auf den Augenblick und „das einzulassen, was Kindern (gerade) wichtig ist, wahrzunehmen, wie sie ihre eigene Tätigkeit deuten und dies einfach einmal zu respektieren" (Klein 2004, S. 172).

Erzieherinnen sind herausgefordert, sich den Rhythmen der Kinder anzupassen, Interaktionen und Spielabläufe nicht zu stören, Übergänge – z.B. vom Spiel zur nächsten gemeinsamen Mahlzeit – rechtzeitig anzukündigen und auch im Gruppenkontext einzelnen Kindern die Möglichkeit zu geben, ihre Tätigkeit zu Ende zu bringen.

Kinder brauchen Zeit

Der pädagogischen Fachkraft kommt die Rolle der Organisatorin zu, die den Tag nach den Erfordernissen der Gruppe, aber im möglichen Rahmen auch nach den individuellen Bedürfnissen der einzelnen Kinder strukturiert. Sie bewegt sich im Spannungsfeld zwischen Strukturierung und Flexibilität, um den Kindern je nach Bedarf Anregungen zu geben, ihre Bedürfnisse nach Kontakt sowie Ruhezeiten zu befriedigen oder ihre Eigenaktivitäten aufzugreifen und gemeinsam mit ihnen weiterzuentwickeln (Bensel & Haug-Schnabel 2008). Kinder brauchen Zeit – beim Spielen, Anziehen, Wickeln, Essen. Schnell sind sie verunsichert, wenn sie von den Erwachsenen ständig zur Eile gedrängt und ermahnt werden, oder ihnen aus Zeitmangel nicht die Gelegenheit gegeben wird, Dinge selbst zu tun (Ostermayer 2007). Hier kann die pädagogische Fachkraft „ganz nebenbei" Modell für die Kinder sein und ihnen zeigen, dass es im Umgang mit verschiedenen Bedürfnissen Situationen und Momente gibt, in denen Geduld, Rücksicht und Wartenkönnen gefragt und möglich sind.

Übergangsrituale

Übergangsrituale erleichtern den Wechsel zwischen verschiedenen Aktivitäten im Tagesverlauf, kennzeichnen die Zugehörigkeit zu einer bestimmten Gruppe. Sie rhythmisieren den Tagesablauf und helfen Kindern, zeitliche Abfolgen zu übernehmen und den Umgang mit Zeit zu erlernen (Niesel 2008a). Der Wechsel zwischen Familie und Kindertageseinrichtung und umgekehrt erfordert eine hohe Anpassungsleistung des Kindes an unterschiedliche soziale und räumliche Gegebenheiten und die jeweils dort geltenden Regeln.

Kernpunkte des Tagesablaufs in der Kindertageseinrichtung und Gelegenheiten für die Gestaltung von individuellen oder gemeinsamen Übergangsritualen sind:
- Ankommen und Begrüßung
- Pflege und Beziehungspflege
- Projekte in Kleingruppen, Freispiel und Bewegung (draußen und drinnen)
- Übergang von altersgleicher zu altersgemischter Spielgruppe

- Mahlzeiten in der Gruppe (gemeinsame Brotzeit, Mittagessen)
- Ruhezeiten für Schlaf, Entspannung und Rückzug
- Ausklang, Abschied und Nachhausegehen.

Räume für Bildung gestalten

Wie können Räume Bildungsprozesse unterstützen und anregen, sodass sich jedes Kind neue Entwicklungsräume erschließen kann? Das pädagogische Konzept und das Raumkonzept sind eng miteinander verknüpft, da Bildungsräume immer auch pädagogische Vorstellungen abbilden (Schneider 2007).

Kinder brauchen mit zunehmendem Alter mehr Raum, um wachsen und sich weiterentwickeln zu können. Der Raum von Säuglingen ist zunächst sehr begrenzt und davon abhängig, wieviel Raum ihnen von anderen „eingeräumt wird" (Schneider 2007, S. 4). Kinder sind im ersten Lebensjahr damit beschäftigt, ihren „Nahraum" zu erkunden, der in besonderer Weise Beziehungen schafft. Das Kind ist darauf angewiesen, dass die Erwachsenen allmählich seinen Erfahrungs- und Bewegungsraum erweitern und ihm so neue Raumerfahrungen ermöglichen. Durch zunehmende sensorische und motorische Fertigkeiten – den Kopf heben, sich aufstützen, sitzen, stehen, laufen – erweitert sich der Aktionsradius des Kindes und seine Fähigkeit, den Raum um sich herum selbstständig in Erfahrung zu bringen. Säuglinge, Toddler und Kleinkinder erschließen sich ihre Umwelt durch ihre sinnliche Wahrnehmung und Bewegung und sammeln so wegweisende Erfahrungen für selbstwirksames Handeln und Denken (Schneider 2007). „Raumgreifende Erfahrungen" vermitteln mathematische und physikalische Grunderfahrungen (z. B. die Erfahrung unterschiedlich schwerer Gegenstände) und werden als sinnliche Körpererfahrungen (z. B. im Erleben von „oben – unten", „vorne – hinten") gespeichert. So kann beispielsweise das gemeinsame Mittagessen eine anregungsreiche Umgebung für die Förderung mathematischen Basiswissens über verschiedene Mengen, Zahlen und Kategorien sein (Niesel 2008a).

Neue Raumerfahrungen ermöglichen

Pädagogische Räume umfassen „Orte des Lernens", in denen Kinder ihr soziales Umfeld, neue Kontexte oder die Nachbarschaft kennen lernen – pädagogische Orte, die nicht nur Kindern vorbehalten sind (Bort 2002). Während Lernorte überall anzutreffen sind, sind „Orte der Bildung" spezifischer zu verstehen. Dabei handelt es sich um Orte des (gemeinsamen) Handelns. Sie haben eine bestimmte Struktur, um Information (Museum), Experimente (Werkstatt) oder kreative Tätigkeiten (Theater) zu ermöglichen. Auch Kindertageseinrichtungen sind Bildungsorte, die im besonderen Maße dazu beitragen, dass „jedes Kind nach seinem Rhythmus, gemäß seiner Ressourcen und seiner Interessen sein Bildungspotenzial ausschöpfen, seine Lerndispositionen und sein Forschungskonzept weiter entfalten kann" (Schneider 2007, S. 4).

Wie ist das Verhältnis zwischen dem Begrenzen und dem Schaffen von Räumen, zwischen Räumen, die umschließen und solchen, die zu Entdeckungen einladen? Und inwiefern schränken Räume den kindlichen Horizont ein oder erweitern ihn, indem sie neue Perspektiven eröffnen? So eröffnet die offene Arbeit in Kleingruppen und zeitweise in Nestgruppen die Möglichkeit, Funktionsräume (z. B. Bauzimmer, Bewegungsraum, Rückzugszone) einzurichten. Funktionale Raumkonzepte bieten eine anregende Lernumgebung, wirken sich positiv auf das Freispiel und damit die Selbstständigkeit der Kinder aus und verringern den Lautstärkepegel in der Kindertageseinrichtung (Reichert-Garschhammer 2009). Gerade für den sprachlichen Austausch mit einzelnen Kindern oder in kleinen Gruppen ist es wichtig, dass die räumlichen Gegebenheiten und der Tagesablauf so strukturiert sind, dass Freiräume für ungestörte Gespräche entstehen. Ein gutes Zusammenspiel zwischen Raum- und Zeitstruktur gibt den Kindern Orientierung und Anregung.

Funktionale Raumkonzepte

Die Gestaltung von anregenden Bildungsräumen erfordert je nach Gruppenzusammensetzung einen möglichst flexiblen Umgang mit den Gegebenheiten und die Partizipation der Kinder. Durch regelmäßige Beobachtung (vgl. Kap. 6) erhält das pädagogische Team Informationen darüber, wie Räume von den Kindern genutzt werden und welche Wirkung sie auf deren Verhalten haben. Erzieherinnen werden damit zu „Architektinnen immer wieder neu anregender Umgebungen" (Bensel & Haug-Schnabel 2008, S. 130).

Anregende Bildungsräume

5. Auch die Jüngsten lernen von und mit anderen Kindern

5.1 Kinder sind soziale Wesen – von Geburt an

Noch in den 1980er-Jahren herrschte die Auffassung vor, dass Kinder erst nach ihrem dritten Geburtstag mit anderen Kindern etwas anfangen können. Aussagen wie „Jüngere Kinder können noch nicht richtig miteinander spielen" und „Kinder unter drei sind noch nicht gruppenfähig" gehörten zu den Standardargumenten, wenn es um Gründe für die Ablehnung außerfamilialer Betreuung von Kindern in den ersten drei Lebensjahren ging.

Erwachsene Bezugspersonen sind die wichtigsten Entwicklungsbegleiter der ersten Lebensjahre, aber andere Kinder sind schon sehr früh von besonderem Interesse. Sobald sie ihren Kopf bewegen können, wenden Säuglinge sich anderen Kindern zu und fangen an, auf ihre Art zu kommunizieren (z. B. Gopnik, Kuhl & Meltzoff 2003; Haug-Schnabel & Bensel 2006). Während fremde Erwachsene für Babys häufig Angst auslösend sind und das Kind die Nähe der Bindungsperson suchen lassen, geschieht dieses Verhalten im Kontakt mit anderen Babys kaum (Singer & Haan 2007). Anders als Beziehungen zwischen Erwachsenen und Kindern, die vorgegeben und durch Pflege, Erziehung und Unterstützung gekennzeichnet sind, sind die Kontakte zwischen Kindern freiwillig und partnerschaftlich.

Umfangreiche Studien belegen: Qualitativ gute Kindertageseinrichtungen sind auch für Kinder vor ihren dritten Geburtstag förderliche Entwicklungsumgebungen (im Überblick: Ahnert 2005/2007c; Roßbach 2005). Das Zusammensein mit Gleichaltrigen, jüngeren und älteren Spielpartnern und Spielpartnerinnen bietet eine Vielfalt an Situationen, in denen junge Kinder miteinander und voneinander lernen. Das gilt nicht nur für die Entwicklung sozialer Kompetenzen (Kasten 2008). Alle Bereiche frühkindlicher Entwicklung werden durch die Interaktion von Kindern untereinander berührt, da jedes Wissen über die Welt, über Dinge, Lebewesen, andere Menschen und die eigene Person immer sozial vermittelt wird (Viernickel 2004b).

Kontakte zwischen Kindern sind freiwillig und partnerschaftlich

Die gemeinsamen Interaktionen der Jüngsten dürfen nicht unter- oder gar gering geschätzt werden – mit der Konsequenz, dass sie unter- und damit abgebrochen werden. Interaktionen, die in den Augen von Erwachsenen vielleicht zufällig, ohne Sinn oder gar als negativ gesehen werden (wenn Babys z. B. übereinander krabbeln), können für Kinder durchaus zielgerichtet und bedeutungsvoll sein. Kinder nehmen schon im ersten Lebenshalbjahr gezielt Kontakt zu anderen Babys auf und warten deren Reaktionen ab. Sie berühren sich häufig fast zärtlich, scheinen Dialoge in einer nur für sie verständlichen Sprache zu führen oder wenden sich ab, wenn sie keinen Kontakt mehr wünschen. Bevor Kinder sprechen können, haben sie die Fähigkeit, andere nachzuahmen, aber auch andere zur Nachahmung zu bewegen (vgl. Niesel 2008a, S. 26f.).

Ein Netz von Beziehungen entsteht

Mit dem Übergang von der Familie in eine Kindertageseinrichtung erweitern die jungen Kinder das Netz ihrer Beziehungen. Neben den Bindungspersonen in Familie und Kindertageseinrichtung gibt es in beiden Entwicklungsumgebungen auch Personen, zu denen das Kind positive Beziehungen aufbaut, die aber einen anderen Charakter als Bindungsbeziehungen haben. Dieser Beziehungstyp kann als „Spielpartnerbeziehung" (vgl. Howes 2000) bezeichnet werden. Die sichere Basis, die stabile, zuverlässige Beziehungen zu Erwachsenen in dieser neuen Umgebung bietet, die exploratives Verhalten unterstützt (vgl. Kap. 2), ist auch für die entspannte Neugier und das Interesse, mit der sich die Jüngsten anderen Kindern zuwenden, eine wichtige Voraussetzung. Zwischen sicherer Bindungserfahrung und positiven Peerbeziehungen gibt es einen deutlichen Zusammenhang (vgl. Siegler, DeLoache, Eisenberg 2005, S. 744f.).

Spielpartnerbeziehung

Die ersten spielerischen Interaktionen haben Kinder in der Regel mit Erwachsenen – mit ihren Bindungspersonen. Viele der Interaktionen zwischen Babys und Erwachsenen haben spielerischen Charakter. Hier lernen die Kinder, sich selbst in Interaktionen und Kommunikation einzubringen. Sie erfahren etwas über die Menschen, mit denen sie zusammen sind, und dass sie selbst Einflussmöglichkeiten haben, dass ihr eigenes Verhalten Wirkung zeigt – z. B., wenn ihr freudiges Reagieren dazu führt, dass der Spaß wiederholt wird.

Erwachsene und andere Kinder haben unterschiedliche Bedeutung für spielerische Interaktionen: Aufmerksame und zugewandte Erwachsene stellen sich auf ein Baby ein. Sie verändern die Stimmlage und das Sprechtempo, machen Pausen, um dem Kind Zeit für seine Reaktion, seine Antwort zu geben. Babys untereinander tun das zunächst nicht. Jedes hat seine eigenen Ideen, beide Kinder haben ein vergleichbares Tempo. Was sich aus dem Miteinander, der jeweiligen Reaktion des anderen, ergibt, verlangt von den Jüngsten spontanes Reagieren.

In der zweiten Hälfte des ersten Lebensjahres setzen Babys untereinander Kommunikationsstrategien ein, wie Blickkontakt und erste gegenseitige Imitationen. Um miteinander zu kommunizieren, ohne sprechen zu können, beherrschen Kinder schon früh eine wichtige Kompetenz – ihre Imitationsfähigkeit. „Sie dient im Alter von ein bis zwei Jahren als Mehrzweckstrategie, da sie nicht nur die entscheidende Methode zur Initiierung und Aufrechterhaltung von Interaktionen ist, sondern aufgrund der Nachahmung von Sprache/Lauten, Gestik, Mimik und Körperbewegungen durch ein anderes Kind auch das eigene Selbstbild emotional bestätigt wird" (Haug-Schnabel & Bensel 2006, S. 24). So beginnen das gegenseitige Verstehen, die ersten Ansätze zur Einübung der sich später entwickelnden Fähigkeit zur Perspektivenübernahme und damit die Möglichkeit, soziale Regeln unter Gleichaltrigen zu verstehen und zu praktizieren. Häufig stoßen dabei jedoch noch unterschiedliche, für die Kinder noch nicht sofort entschlüsselbare Absichten aufeinander.

<small>Imitationsfähigkeit</small>

Das gemeinsame Interesse füreinander führt bereits in diesem jungen Alter dazu, dass die Kinder versuchen, ihr Verhalten aufeinander abzustimmen und mit ihren Interessenkonflikten umzugehen. Das kann als der Beginn des reziproken, d. h. wechselseitig abgestimmten Verhaltens gesehen werden: Die Kinder machen erste Erfahrung mit eigenen angenehmen oder unangenehmen Empfindungen und den Reaktionen ihres Gegenübers. Sie lernen ganz allmählich, dass andere Menschen manchmal auch anders als sie selbst denken und fühlen (vgl. Singer & de Haan 2007).

<small>Das Verhalten aufeinander abstimmen</small>

Wie können soziale Interaktionen überhaupt gelingen? Die Fähigkeit des Menschen, sich selbst und anderen mentale Zustände zuzuschreiben, z. B. sich vorzustellen, was andere gerade denken, ist grundlegend für soziales Verstehen und soziales Handeln. Erst im Alter von vier bis fünf Jahren sind Kinder in der Lage, das Verhalten einer anderen Person zuverlässig richtig vorherzusagen, wenn sie selbst mehr wissen als der andere. Was aber passiert in den Jahren davor?

Das Prinzip der Reziprozität

In der zweiten Hälfte des ersten Lebensjahres verfügen Kinder über ein differenziertes Verständnis sozialen Handelns. In der menschlichen Kommunikation sind Gesten, wie z. B. das Deuten mit dem Finger oder die Beachtung der Richtung der Aufmerksamkeit des Gegenübers, wichtige Hilfen für die Entschlüsselung der Absichten des anderen. Schon Babys erschließen bei der Beobachtung sozialer Interaktionen die Handlungsabsichten der beteiligten Personen und bringen sie in einen funktionalen Zusammenhang. Das bedeutet: Sie interpretieren menschliche Handlungen im Hinblick auf deren Ziele und zeigen deutliches Staunen, wenn die Situation anders verläuft, als sie es erwartet hatten. Ab dem Alter von rund neun Monaten richten Babys verlässlich ihre Aufmerksamkeit darauf, wohin sie durch Zeigen oder die Blicke von anderen gelenkt werden. Und ungefähr ab dem ersten Geburtstag können sie selbst die Aufmerksamkeit ihres Gegenübers gezielt lenken. Das Prinzip der Wechselseitigkeit – die Reziprozität – wird immer wichtiger.

Im zweiten Lebensjahr erwarten Kinder bestimmte Handlungen, indem sie Wünsche und Emotionen anderer Personen einschätzen. Dabei berücksichtigen sie auch, dass die andere Person etwas nicht sehen kann, was sie selbst erkennen. Sie zeigen z. B. Erstaunen, wenn jemand zielgerichtet nach einem Spielzeug greift, obwohl er die Augen verbunden hatte, als der Gegenstand versteckt wurde. Während der ersten beiden Lebensjahre entwickeln Kinder wichtige Grundbausteine für das Verstehen von Denkvorgängen anderer Menschen (vgl. Sodian & Thoermer 2009).

Die soziale Welt der Peers

Mit den wachsenden motorischen Fertigkeiten verändert sich das Spielverhalten. Zunächst sind die Erwachsenen die Experten, die die Aktivitäten strukturieren. Bald aber werden sie eher interessierte Zuschauer, die den Rahmen herstellen und die Kinder dabei unterstützen, sich anderen Kindern zuzuwenden. Das Spiel findet immer mehr zwischen Gleichaltrigen statt, es verlagert sich in die soziale Welt der Peers.

Peers sind Menschen ungefähr gleichen Alters bzw. ähnlichen Entwicklungsstandes. In Peerbeziehungen gibt es kaum Unterschiede in Macht und Status. In den Spielsequenzen mit Kindern lernen Ein- und Zweijährige andere Kompetenzen als im Umgang mit Erwachsenen. Peers haben keine Wissens- oder Können-Vorsprünge. Unter ihnen ist das Interesse am Inhalt des Spiels gleich groß.

Die Peer-Interaktionen sehr junger Kinder sind noch durch viele Beschränkungen, wie z.B. das erst ansatzweise vorhandene Sprachvermögen, gekennzeichnet. Videoaufzeichnungen mit Kindern im Alter von 17 bis 24 Monaten haben folgendes Ergebnis gebracht: Wenn Toddler und Kleinkinder über gemeinsame Erfahrungen in bestimmten sozialen Kontexten verfügen, können sie dadurch spezifischen Situationen gleiche Bedeutung verleihen und so zu aufeinander abgestimmtem Handeln gelangen (Viernickel 2004b).

Die alltägliche Bewältigung der Interaktionssituationen kann als ko-konstruktive Aneignung der Umwelt im Spiel gesehen werden. Themen und Bedeutungen werden offensichtlich durch eine „Perspektivenübernahme im Handeln" (Viernickel 2004b, S. 51) geteilt. Diverse unterschiedliche Bedeutungen konnten im Verlauf der Spielhandlungen identifiziert und „eine erstaunliche Vielfalt und Differenziertheit" (ebd.) beobachtet werden. Dabei traten auch beziehungsregulierende Prozesse auf, in denen Kinder versuchten, die symmetrische Reziprozität ihrer Beziehung zu wahren bzw. wiederherzustellen.

Perspektivenübernahme im Handeln

Aus dem Miteinander kann Freundschaft werden
Mit Freundschaft ist eine enge, auf Gegenseitigkeit, Gleichberechtigung und Vertrauen angelegte positive Beziehung zwischen zwei Menschen gemeint. Mit zunehmendem Alter steigt im Verlauf der Kindheit die Wahrscheinlichkeit für Freundschaften.

Sind Beziehungen zwischen sehr jungen Kindern bereits Freundschaften? Die Untersuchungen von Howes und ihren Mitarbeitern (vgl. dazu Siegler, Deloache & Eisenberg 2005, S. 707) haben gezeigt: Schon 12 bis 18 Monate alte Kinder wählen unter mehreren Mädchen und Jungen die Kinder aus, die sie als Spielpartner oder Spielpartnerinnen andern gegenüber bevorzugen. Sie berühren sich, lachen sich an, lassen sich auf positive Interaktionen ein. Geht es einem der beiden nicht gut, reagiert das andere Kind darauf mit Trostversuchen oder macht einen Erwachsenen aufmerksam, um für den Freund oder die Freundin Hilfe zu erlangen. Die Wahrscheinlichkeit für diese Zugewandtheit ist zwischen bevorzugten Peers dreimal höher als bei anderen Kindern in der Gruppe.

Ab dem Alter von ungefähr 20 Monaten wird freundschaftliches Verhalten deutlicher beobachtbar: Kinder initiieren zunehmend mehr Interaktionen mit bestimmten Kindern und engagieren sich stärker im gemeinsamen Spiel. Nach dem zweiten Geburtstag wird das Miteinander zunehmend komplexer: Im Spiel können die Nachahmung des Sozialverhaltens anderer Menschen sowie kooperative Problemlösungen und Rollentausch beobachtet werden. Diese größere Komplexität ist im Spiel mit Freunden eher und deutlicher zu beobachten als im Spiel mit anderen Kindern. Gerade „Als-ob-Spiele" (vgl. Kap. 4) werden zwischen Freunden häufiger gespielt. Diese Spielart setzt das Vertrauen voraus, dass der oder die andere darauf eingehen wird. Außerdem muss die Sicherheit gegeben sein, dass die symbolischen Handlungen verstanden werden – d. h., dass beide Kinder über ein gemeinsames „Skript" verfügen. Damit ist eine Art Drehbuch für die gemeinsame Spielhandlung gemeint.

Ein Skript für die gemeinsame Spielhandlung

Kinder können bereits im zweiten Lebensjahr Freundschaften entwickeln, wenn sie regelmäßig Gelegenheit zum Spiel mit einem bestimmten Partner oder einer Partnerin haben. In ihren Interaktionen sind Partnerschaft, Vertrautheit und positive Gefühle erkennbar. Die Vertrautheit zwischen beiden führt zu sozialen Interaktionen, die ein Skript erkennen lassen. Bleiben die Bedingungen stabil (wie z. B. das Gruppengefüge, in dem die Freundschaft entstanden ist), können die frühen Freundschaften über viele Jahre Bestand haben (Howes 2000). Spiele befreundeter Kinderpaare dauern länger, sind komplexer und sprachlich reicher begleitet. Die besondere Leistung der Kinder liegt in häufig gleichrangigen (symmetrischen) Interaktionen: Die Kinder tun etwas nicht nacheinander, sondern die Reaktionen beziehen sich wechselseitig auf die Handlungen des anderen Kindes (Reziprozität). Dadurch entsteht Neues, Bedeutungen werden ausgehandelt und geteilt, Fortschritte erzielt. Im Spiel findet Ko-Konstruktion statt.

Soziale Kompetenz in den ersten drei Lebensjahren

Howes (2000, S. 101ff.) hat die Interaktionen zwischen Gleichaltrigen in den ersten Lebensjahren systematisch beobachtet und dokumentiert. In der Entwicklung vom Blickkontakt zum komplexen Spiel hat die Forscherin typische Sequenzen sozialer Interaktionen identifiziert, die in dem jeweiligen Entwicklungsabschnitt kompetentes soziales Verhalten markieren.

- **Im ersten Lebensjahr:** Soziales Verhalten beginnt mit Blickkontakten, der gegenseitigen Wahrnehmung – zunächst ohne gemeinsame Aktivität. Aus den Reaktionen der Partner oder Partnerinnen können sich wechselseitige Bezugnahmen mit Blicken, Berührungen und Lauten entwickeln. Säuglinge sind sozial kompetent, wenn sie einem Peer durch Blickkontakt signalisieren, dass sie ihr Gegenüber  als sozialen Partner erkennen. In einem nächsten Schritt kommt es zu ersten gemeinsamen Aktivitäten wie abwechselndes Geben und Nehmen. Sowohl diese einfachen sozialen Interaktionen als auch das Parallelspiel sind wesentliche Errungenschaften des ersten Lebensjahres.
- **Im zweiten Lebensjahr:** Kompetente soziale Interaktionen zeigen die Fähigkeit der Kinder, sich in ergänzenden und reziproken Spielhandlungen zu engagieren – z. B. Laufen und Fangen, Geben und Nehmen, Verstecken und Suchen. Diese Formen der Interaktion sind unabhängig von Sprache und Kultur. Bereits in diesem Alter zeigt sich, dass Kinder bestimmte Spielpartner bevorzugen und Freundschaften beginnen. Die Feinabstimmungen funktionieren besser.

- **Im dritten Lebensjahr:** Sozial kompetente Kinder können nun deutlich erkennbar Bedeutungen kommunizieren und komplexere Spiele ko-konstruieren. Kooperative „Als-ob-Spiele" zeichnen sich in diesem Alter dadurch aus, dass sie zu funktionieren beginnen, ohne dass es explizit sprachlich auf der Meta-Ebene formuliert wird. Durch Beobachtung (vgl. Kap. 6) wird leicht erkennbar, dass die Spielpartner nach einem gemeinsamen „Skript" handeln.

Die Entwicklung der sozialen Kompetenz ist untrennbar mit der Identitätsentwicklung verbunden. Mit „Identität", „Selbstbild" oder „Selbstkonzept" ist das Wissen, Denken und Fühlen über die eigene Person gemeint. Zu dieser Beurteilung gehören die Abgrenzung gegen andere Menschen, das Wissen, was die eigene Person von anderen unterscheidet, aber auch, welche Gemeinsamkeiten bestehen. Da die Entwicklung der Identität ein lebenslanger Prozess ist, gehört auch die Vorstellung dazu, wie eine Person sein will, wie sie werden möchte.

In jedem Spiel mit Peers erfährt ein Kind auch etwas über sich selbst. Es erkennt durch andere, die von ihm als sehr ähnlich wahrgenommen werden, Zustimmung oder Ablehnung, erprobt fremdes Verhalten durch Nachahmung, erfährt Gemeinsamkeiten und Unterschiede, die es in sein Selbstbild integriert. Mit der wachsenden Selbstständigkeit und dem Spracherwerb wächst die kommunikative Kompetenz und eine neue Qualität der Peerinteraktion wird möglich.

Gute Peer-Beziehungen sind auch eine Frage des Geschlechts

Die Entwicklung der Geschlechtsidentität im individuellen Lebenslauf ist das Ergebnis eines komplexen Zusammenspiels biologischer, sozialer und individueller Entwicklungsbedingungen (vgl. dazu Trautner 2002). Säuglinge unterscheiden ab dem dritten bis sechsten Monat die Stimmen männlicher und weiblicher Erwachsener, am Ende des ersten Lebensjahres deren Gesichter und können auch die Stimmen zuordnen. Bilder von Kindern des eigenen Geschlechtes werden mit Beginn des zweiten Lebensjah-

Geschlechtsspezifische Präferenzen

res länger betrachtet. Das gilt besonders für Mädchen. Kleinkinder zeigen nun auch in ihrem Spielverhalten geschlechtstypische Spielzeugpräferenzen – was bei Jungen stärker ausgeprägt zu sein scheint als bei Mädchen.

Die Differenzierung zwischen den Geschlechtern nehmen Kinder an äußeren Merkmalen (z. B. Haare, Kleidung) vor. Am Ende des zweiten Lebensjahres können die meisten beide Geschlechter klar unterscheiden und zuverlässig sagen, ob sie selber ein Junge oder Mädchen sind.

In den ersten drei Lebensjahren fehlt Kindern noch das Verständnis dafür, dass es neben den Unterschieden zwischen den Geschlechtern auch Differenzierungen innerhalb eines Geschlechts gibt: Sie denken eher in absoluten Kategorien von männlich und weiblich. Wenn Kinder im zweiten, spätestens im dritten Lebensjahr erkennen, dass es zwei Geschlechter gibt, ordnen sie sich selbst einer Kategorie zu und wählen aktiv aus den Angeboten ihrer Umwelt aus: zum einen das, was ihnen entsprechend der Mädchen-/Jungenkategorie angeboten wird, zum anderen das, was ihnen gefällt, ihr Interesse weckt und ihre Bedürfnisse befriedigt. Das sich noch entwickelnde Geschlechtsschema wird durch eine auswählende Aufmerksamkeit gesteuert. Und alles, was über Geschlechter gelernt wird, wird von Jungen und Mädchen nach den Regeln ihres Geschlechtsschemas verarbeitet.

Schon im ersten Lebensjahr zeigen Kinder Präferenzen für Spielpartner bzw. Spielpartnerinnen ihres Geschlechts. Diese Präferenz verstärkt sich, je älter die Kinder werden. Das kann dazu führen, dass sich in Kindertageseinrichtungen schon in den ersten Lebensjahren in Freispielsituationen relativ separate Gruppen von Mädchen und Jungen bilden (Rohrmann 2008), die sich an ihren jeweiligen Interessen ausrichten und im Laufe der Jahre geschlechtstypische Umgangsformen entwickeln, die mit bestimmten Kommunikationsmustern verbunden sind. Damit ist gemeint, dass Mädchen eher kooperativ und ausgleichend miteinander umgehen, während die Jungen einen stärker hierarchischen und wettbewerbsorientieren Umgang pflegen. In der Bereitschaft, sich prosozial zu verhalten, können bereits in der

Geschlechtersensible Pädagogik

zweiten Hälfte des zweiten Lebensjahres Unterschiede zwischen Mädchen und Jungen beobachtet werden (Kasten 2008).

Die meisten Menschen – auch die, die meinen, keine Unterschiede zwischen den Geschlechtern zu machen – verhalten sich gegenüber Mädchen und Jungen unterschiedlich. Pädagogische Fachkräfte müssen sich mit geschlechtersensibler Pädagogik (z. B. Walter 2005) auseinandersetzen. Es geht darum, Kinder dabei zu unterstützen, die eigene Geschlechtsidentität ohne einengende Zuschreibungen zu entwickeln und die Entwicklungspotenziale von Jungen und Mädchen unabhängig von Geschlechtstypisierungen zu fördern (StMAS & IFP 2007).

Konflikte sind nötig, dürfen aber nicht überhand nehmen
In den ersten Lebensjahren werden Fertigkeiten des sozialen Austausches und Dialogstrukturen des gegenseitigen Handelns allmählich aufgebaut. Regeln werden definiert und das Finden von Kompromissen gelernt. Da es aber auch für junge Kinder noch schwierig ist, die Absichten ihres Gegenübers zuverlässig zu entschlüsseln, sind Missverständnisse und Konflikte eine häufige Folge.

Für das zweite und dritte Lebensjahr ist charakteristisch, dass das Vorgehen und die Inhalte des Spiels meist erst im Prozess entwickelt werden. Spielideen werden immer wieder neu variiert, mit aktuellen Erfahrungen angereichert – orientiert an den Bedürfnissen des sich entwickelnden Bildes von der Welt. Das bringt mit sich, dass Unterschiede zwischen den Spielenden angeglichen werden müssen. Dazu sind Verständigungsbereitschaft, Einfühlungsvermögen, Kommunikations- und Kooperationsfähigkeit nötig – und Spannungen unvermeidlich. Eine Folge ist, dass die Häufigkeit von Konflikten zwischen freundschaftlich verbundenen Kindern höher ist als zwischen denjenigen, die sich nicht besonders mögen: Befreundete Kinder verbringen mehr Zeit miteinander und ihre Spielhandlungen sind komplexer. So müssen sie sich immer wieder erneut aufeinander einstellen und abstimmen. Aber sie lösen ihre Konflikte auch häufiger selbstständig auf kontrollierte Weise – z. B. durch Aushandeln und Kompromisse. Die

Konflikte und Freundschaften sind unzertrennlich

Lösungen sind in der Regel so, dass für beide Kinder Positives dabei herauskommt: Keiner ist Gewinner oder Verlierer. Freunde erhalten die Zuneigung füreinander und setzen nach den Konflikten ihre Interaktionen und Spiele fort (Siegler, Deloache & Eisenberg 2005, S. 708). Mit anderen Worten: Konflikte und Freundschaften sind unzertrennlich (Niesel 2008a).

Konflikte sind auch Ausdruck einer fortschreitenden Ich-Entwicklung: Sie sind verbunden mit der Abgrenzung des eigenen Ichs gegen Andere und somit Teil der Identitätsentwicklung. Auch Gegenstände wie Spielzeug werden als Teil des „Ich" – als „meines" – angesehen. Das Teilen fällt dann schwer. Daher sind Besitzkonflikte der häufigste Anlass, wenn Kinder dieser Altersgruppe streiten. Der Auseinandersetzung über einen nicht aufschiebbaren Wunsch wird manchmal auch körperlich Nachdruck verliehen – z. B. durch Kratzen, Beißen oder an den Haaren reißen. Es gibt jedoch keine Hinweise darauf, dass frühe Besitzkonflikte der Beginn einer Entwicklung sind, die zu sozialem Fehlverhalten führen könnten (Ahnert 2005, S. 32). Die pädagogischen Fachkräfte sorgen dafür, dass sich Konflikte und suboptimale Konfliktlösungen nicht in einer Weise ausprägen, dass sich antisoziales Verhalten ausbreitet und anhaltende Aggressionen möglich werden.

Konflikte sind Ausdruck einer fortschreitenden Ich-Entwicklung

Die Bedeutung ausgeglichener Peer-Kontakte von frühester Kindheit an sind vor allem in schwedischen Längsschnittstudien nachgewiesen worden. Kinder mit Krippenerfahrungen wurden dort bis in die Schulzeit hinein als sozial offener und beliebter beschrieben als Kinder, die keine Kinderkrippe besucht hatten (Anderson et al. 1981, zit. nach Ahnert 2007c).

Sich der Gruppe zugehörig fühlen

Das Gefühl der Zugehörigkeit lässt sich umschreiben als das angenehme Empfinden, das entsteht, wenn man zu einer Gruppe von Menschen gehört, die durch positive soziale Beziehungen verbunden sind. Es steht für Nähe und gemeinsam empfundene Identität – ein Wir-Gefühl, das eingebettet ist in sozio-kulturelle Aktivitäten, und das Empfinden der Zugehörigkeit ent-

Das Wir-Gefühl

stehen lässt und aufrechterhält (vgl. Hännikäinnen 2007). Eine entspannte, von den Kindern und Erwachsenen als positiv erlebte Gruppenatmosphäre und ein feinfühliges, gleichzeitig gruppenorientiertes Verhalten der Fachkräfte sind entscheidende Faktoren für die Qualität der Entwicklungs- und Bildungsumgebung in der Kindertageseinrichtung (Ahnert 2004; Ahnert, Pinquart & Lamb 2006; Ahnert 2007b).

Das Gefühl der Zugehörigkeit in einer Kindertageseinrichtung hängt wesentlich von der pädagogischen Kompetenz der Fachkräfte ab. Sie richten ihr empathisches erzieherisches Verhalten auf die Gesamtatmosphäre der Gruppe aus und berücksichtigen innerhalb dieser Orientierung die Bedürfnisse jedes einzelnen Kindes. Die so entstehende positive Gesamtatmosphäre scheint am ehesten zu garantieren, dass stabile, den Kindern Sicherheit gebende Beziehungen zu ihren Erzieherinnen entstehen.

5.2 Soziale Kontakte und Interaktion unter Kindern begleiten

Spielverhalten beobachten und unterstützen

Kinder spielen, um die Welt der Dinge und der Menschen zu begreifen. Durch die systematische Beobachtung (vgl. Kap. 6) des Spielverhaltens können pädagogische Fachkräfte Aufschluss über das Wohlergehen von Kindern und ihre kognitiven und sozialen Lernprozesse gewinnen. In den ersten drei Lebensjahren lassen sich insbesondere folgende Spielformen und -inhalte im Kita-Alltag beobachten:

- **Ganz bei sich sein:** Bei wenigen Monate alten Säuglingen überwiegt das Einzelspiel. Durch das Erforschen des eigenen Körpers (z. B. der Finger), die Entdeckung der eigenen Beweglichkeit und die konzentrierte Untersuchung von Gegenständen erweitern Kinder ihr Weltbild und lernen dabei bereits auch viel über sich und ihre Selbstwirksamkeit (vgl. Kap. 4). Das Einzelspiel existiert in allen Altersstufen und ist auch vom Kontext, z. B. der Verfügbarkeit von Spielpart-

nern, abhängig. Es nimmt mit zunehmendem Alter zugunsten des Spiels in Partnerschaften oder größeren Gruppen ab. Das Einzelspiel sollte überwiegend von Neugier und Engagiertheit bestimmt sein. Dabei können pädagogische Fachkräfte beobachten, dass sich das Kind voller Konzentration und mit Ausdauer in sein Spiel vertieft, bis an die Grenzen seiner Möglichkeiten geht und mit Lust und Freude bei der Sache ist (vgl. Niesel 2008a, S. 44f.). Ist das nicht der Fall, sollte das Materialangebot überprüft und an die Interessen der Kinder angepasst werden. Die Funktion, die das Einzelspiel für das einzelne Kind hat, lässt Rückschlüsse auf sein Wohlbefinden zu: Spielt ein Kind häufig allein, weil es Probleme hat, ein Spiel mit Gleichaltrigen aufrecht zu erhalten? Wird es von anderen Kindern abgelehnt? Isolierte oder abgelehnte Kinder brauchen für die Stärkung ihrer sozialen Fähigkeiten und das Gefühl der Zugehörigkeit die Unterstützung durch pädagogische Fachkräfte (Riemann & Wüstenberg 2004, S. 48).
- **Auf Beobachtungsposten:** Ein Schritt hin zum gemeinsamen Spiel wird als *The taking-it-in-gaz* beschrieben, was man mit dem „Alles-in-sich-aufnehmen-Blick" übersetzen könnte (Singer & de Haan 2007, S. 35). Das Kind schaut aufmerksam herum, mit wachen Augen alles registrierend. Offensichtlich versucht es zu verstehen bzw. einzuordnen, was um es herum geschieht. Für junge Kinder ist charakteristisch, dass sie sich jeweils auf einen Ausschnitt, eine Sache bzw. Szene konzentrieren. Folgt die pädagogische Fachkraft diesen Blicken, kann sie erfahren, was das Kind interessiert, vielleicht sogar fasziniert.
- **Jeder für sich und doch zusammen:** Das Parallelspiel galt lange als unreife Form des Spiels, als Ausdruck des Unvermögens junger Kinder „richtig" miteinander zu spielen. Genaue Video-Analysen haben jedoch gezeigt, dass die Kinder nur scheinbar nicht kommunizieren. Es gibt immer wieder Momente der Imitation, den Austausch von Objekten und auch kleine Konflikte. Mit anderen Worten: Das Parallel-

Spiel mit Blickkontakt ist eine sozial kompetente Strategie, um den richtigen Zeitpunkt für direkten Kontakt herauszufinden oder sich in eine Spielsituation einzufädeln, die noch unübersichtlich ist. Es nimmt mit zunehmendem Alter der Kinder ab. Im Freispiel zeigten 40 % der Zweijährigen und 20 bis 30 % bei Drei- bis Vierjährigen Parallelspiel mit Blickkontakt (Riemann & Wüstenberg 2004, S. 49). Es besteht ein fließender Übergang zum lose assoziierten Spiel. Damit sind Spielformen gemeint, die sich ohne Vorsatz ergeben – spontan durch Einladung, Imitation oder durch Einfädeln in die Spielhandlung. Sie dauern an, bis die Kinder wieder ihren jeweils eigenen Ideen nachgehen. Bei Zwei- und Dreijährigen kommt diese Spielform, die sich zum komplexen, kooperativen Spiel weiterentwickelt, häufig vor.

- **Planvoll zum gemeinsamen Ziel:** Diese Spielform kristallisiert sich am Ende des dritten Lebensjahres allmählich heraus und wird schließlich zur bevorzugten Form. Sie hängt zunächst aber noch stark von der Unterstützung durch die pädagogische Fachkraft oder durch ältere Kinder ab.

Die Rolle der Erzieherin im Spiel der Kinder lässt sich möglicherweise mit einer Theaterregisseurin vergleichen. Die Schauspieler müssen das Spiel selbst kreieren und dafür muss ihnen freier Lauf gelassen werden. Sie brauchen aber ebenso Impulse durch die Teilnahme und die Vorgabe von Richtungen durch die Regisseurin. Sie stellt sicher, dass die Requisiten da sind, um bestimmte Spielhandlungen zu inspirieren und zu unterstützen. Hilfestellung gibt sie, wo sie gebraucht wird. Sowohl mittel- als auch unmittelbar strukturiert sie das Zusammenspiel der Schauspieler (in Anlehnung an Singer & de Haan 2007, S. 47).

Positive Peer-Interaktionen und Freundschaften unterstützen

Stabile Beziehungsnetze mit anderen Kindern

Mädchen und Jungen, die in komplexen Spielhandlungen sowohl mit Kindern des gleichen als auch des anderen Geschlechts Freude und das Gefühl der Zugehörigkeit erleben, haben vielfache Gelegenheiten, ihre sozialen Fähigkeiten zu perfektionieren. Sie erweitern ihr Interessensspektrum, üben konstruktive Konfliktlösungen bzw. vermeiden Konflikteskalationen, weil sie den Wunsch haben, das gemeinsame Spiel fortzuführen. Zudem sinkt die Wahrscheinlichkeit, dass diese kompetenten Kinder sich in nachfolgenden Entwicklungsperioden von ihren Peers zurückziehen, da sie in stabile Beziehungsnetze mit anderen Kindern eingebunden sind. Aber nicht allen Kindern fällt es leicht, Freunde zu finden. Schon im frühen Alter lassen sich individuelle Unterschiede bezüglich der Komplexität des Spiels, der gezeigten Aggressionen und der Zurückgezogenheit von Kindern feststellen. Negativ ausgerichtete Peer–Beziehungen sind mit einem erhöhten Risiko verbunden, dass Kinder Verhaltensprobleme auch in späteren Entwicklungsphasen zeigen (Ahnert 2005/2007c). Diese Verhaltensmuster und Defizite in der Selbstregulation – vielleicht entstanden oder verstärkt durch ungünstige familiäre Sozialisationserfahrungen – können zu Zurückweisungen durch Peers führen. Eine Folge davon kann sein, dass zurückgewiesene Kinder sich auch ohne sichtbaren Anlass feindselig gegenüber Peers verhalten, was wiederum zu erneuter Zurückweisung und Ausgrenzung führen kann. Ausgegrenzte Kinder haben jedoch kaum Möglichkeiten, in konstruktive Peer-Interaktionen einbezogen zu werden und ihr Verhalten zu korrigieren. In diesen Fällen kann die Peer-Group in der Tagesbetreuung zu einem Risiko für Aggressionsentwicklung werden. Das pädagogische Fachpersonal ist vor die ernste Herausforderung gestellt, diesen Kreislauf zu durchbrechen.

Es ist eine wichtige pädagogische Aufgabe, positive Peer-Interaktionen schon in den ersten Lebensjahren zu unterstützen und die Entwicklung freundschaftlicher Beziehungen jeden Kindes aufmerksam und regelmäßig zu beobachten.

Prosoziales Verhalten und Perspektivenwechsel lassen sich üben
Für jüngere Kinder, die Situationen, in denen es um Mitgefühl und Hilfsbereitschaft geht, noch nicht richtig verstehen können, ist es hilfreich, sich im Nachhinein in spielerischer Form damit zu beschäftigen. Das Kind wird zu einem „So-tun-als-ob-Spiel"

	bzw. Rollenspiel angeregt: Es kann so tun, als ob es ein älteres hilfsbereites Kind und dann wieder das hilfebedürftige andere Kind wäre. So können schon Zweijährige zum Perspektivenwechsel animiert werde. Damit wird die Entwicklung prosozialer Verhaltensweisen gezielt gefördert.
Perspektivenwechsel	

Direkte Disziplinierungen und negative Sanktionen haben sich dagegen nicht nur als unwirksam, sondern als kontraproduktiv erwiesen. Sie lenken die Aufmerksamkeit des Kindes weg von der Notsituation und provozieren negative Gefühle und Reaktionen (vgl. Kasten 2008, S. 87). Besonders wirkungsvoll für Zweijährige kann das Verhalten von älteren Kindern sein, die als Vorbild dienen. Sie sind „näher" an den jüngeren Kindern als Erwachsene, werden häufig bewundert und nachgeahmt.

Konflikte beobachten und moderieren

Konflikte können zu einem Stressfaktor werden	Aufmerksame pädagogische Fachkräfte werden genau beobachten, welche Konflikthäufigkeiten, -dauer und -lösungen in ihrer Gruppe vorherrschend sind. In der Regel werden sie feststellen, dass es häufiger harmonisch als konfliktvoll zugeht und auch junge Kinder erstaunlich oft in der Lage sind, ihre Konflikte selbst zu lösen. So wichtig und notwendig Konfliktsituationen für die Entwicklung von Sozialverhalten und die Vertiefung von Beziehungen sind: Konflikte können zu einem Stressfaktor werden – nicht nur für die Erwachsenen, sondern auch für die Kinder. Die pädagogischen Fachkräfte garantieren, dass alle Kinder sich sicher fühlen. Sie sorgen dafür, dass Grenzen nicht überschritten und Regeln eingeübt und eingehalten werden – in der Form, dass Kinder die Situation verstehen und ihre Perspektive äußern können. Gerade Konfliktsituationen, für die es keine eindeutig „richtige" oder faire Lösung gibt, werden genutzt, um soziale Kompetenzen wie die Perspektiveübernahme, Kompromissfindung etc. zu lernen.

Konflikte und emotional herausfordernde Situationen entstehen häufig dadurch, dass Kinder in den ersten drei Lebensjahren an die Grenzen ihrer Fähigkeiten stoßen. In solchen Situationen äußern sie ihre Gefühle impulsiv und ungebremst, sodass jede Erzieherin unmittelbar herausgefordert ist, möglichst rasch und angemessen zu reagieren. Beeinflusst wird ihre Reaktion von eigenen Erfahrungen und davon, welche Haltung sie bestimmten Gefühlen (z.B. Ärger, Trauer) gegenüber hat und wie sie selbst mit ihren eigenen Gefühlen umgeht (Gottman, Katz & Hooven 1996). Wer in seiner eigenen Lerngeschichte die Erfahrung gemacht hat, dass z.B. Mädchen keinen Ärger äußern dürfen oder sogar dafür bestraft wurden, wird später selbst Kinder bzw. Mädchen dazu anleiten, ihren Ärger zu unterdrücken. Auf diese Weise werden jedoch wichtige Lernerfahrungen für den Umgang mit emotional herausfordernden Situationen verhindert. Förderlich für die emotionalen Erfahrungen der Kinder ist hingegen die Haltung: „Alle Gefühle sind o.k., aber nicht jedes Verhalten." Auf diese Weise kann die Erzieherin das Kind darin unterstützen, seine Gefühle zu akzeptieren, auszudrücken und vermittelt gleichzeitig Regeln und Grenzen für das Verhalten oder gibt Hilfestellung beim Problemlösen in emotional herausfordernden Situationen (Wertfein 2006). Durch das „Emotionscoaching" (Gottman, Katz & Hooven 1996; Gottman 1997) der Erzieherin lernt das Kind die Bedeutung seiner Gefühle und Strategien zur Regulation dieser Emotionen kennen. Damit stellt auch jede emotionale Situation in der Einrichtung eine Gelegenheit dar, dass sich Erzieherin und Kind näherkommen und vertrauter miteinander werden.

> Alle Gefühle sind o.k., aber nicht jedes Verhalten

Was lernt ein Kind durch positive Konfliktbewältigung?
Durch positive Konfliktbewältigung lernen Kinder:
- Auseinandersetzungen bringen starke Spannungen mit sich, die wieder abgebaut werden können.
- Konflikte sind nichts Bedrohliches. Sie gehören zum Alltag und lassen sich lösen.
- Die positive Lösung von Konflikten kann dazu beitragen, Beziehungen zu vertiefen.
- Ich kann negative Gefühle zeigen, ohne dass mir die Zuneigung entzogen wird.

- Kritisiert wird mein Verhalten, aber nicht ich als die Person, die ich bin.
- Erwachsene, die für mich sorgen, helfen mir, meine negativen Gefühle auszudrücken und in Worte zu fassen.
- Etwas Neues zu wagen kann mit Enttäuschungen verbunden sein, aber auch das hilft mir weiter.
- Manchmal lohnt es sich, auch gegen Widerstände eigene Ideen und Vorhaben durchzusetzen (vgl. Kasten 2008, S. 97f.).

In Kindertageseinrichtungen gilt es, nicht nur den Blick auf einzelne Konflikte zwischen zwei Kindern zu richten. Es stellt sich auch die Frage nach der Gruppenatmosphäre: Welcher Art sind die Konflikte, wie häufig passieren sie und wie lange dauern sie? Unterschieden werden:
- sehr kurze Auseinandersetzungen, ausgelöst „im Vorübergehen" durch Missgeschicke
- Konflikte, die durch fehlende Übereinstimmungen bei der Koordination unterschiedlicher Vorstellungen und beim Finden von Kompromissen auftreten
- heftige Zusammenstöße, verbunden mit starken emotionalen Reaktionen, die anzeigen, dass Grenzen eindeutig überschritten wurden.

Fragen an die pädagogischen Fachkräfte im Rahmen der Konfliktbewältigung
- Entspricht die Raumgestaltung (Innenräume und Außenbereich) den Bedürfnissen aller Kinder? Gibt es genügend Platz für Bewegung und ausreichend ruhige Ecken für ungestörtes Spiel?
- Trägt das Materialangebot dazu bei, Konflikte entstehen zu lassen? Ist es altersangemessen, hat es anregenden Charakter, steht es in der richtigen Anzahl/Menge zur Verfügung? Erlaubt die Aufbewahrung und Darbietung den Kindern, selbst auszuwählen?
- Sind Raumgestaltung und Materialangebote klar, übersichtlich und herrscht hinreichende Ordnung?

- Sind Kinder über- oder unterfordert?
- Hat jedes Mädchen/jeder Junge ausreichend Möglichkeiten, Spielpartnerinnen bzw. -partner ähnlichen Alters und gleichen Geschlechts zu finden?
- Stimmt die Beziehungsqualität von erwachsener Bezugsperson zu jedem Kind?
- Bekommt jeder Junge/jedes Mädchen genügend Aufmerksamkeit außerhalb von konflikthaften, emotional negativ getönten Situationen?
- Und nicht zuletzt: Wie gehe ich bzw. wie gehen wir als Team selbst mit Konflikten um? Trage ich/tragen wir vielleicht ungewollt zur Eskalation bei? (vgl. Niesel 2008a, S. 32f.)

Zwischen der sozialen Kompetenz der Kinder und der Qualität von Kindertageseinrichtungen gibt es einen Zusammenhang: Dazu gehört auch die Stabilität des Personals. So konnte eine Verbindung zwischen häufigem Personalwechsel und aggressivem Verhalten von Kindern gegenüber ihren Peers festgestellt werden (Howes 2000, S. 108).

Eine förderliche Gruppenatmosphäre schaffen

Für die pädagogische Arbeit in Kindertageseinrichtungen ist es nicht ausreichend, die Bedürfnisse des einzelnen Kindes zu sehen. Die Befriedigung dieser Bedürfnisse geschieht immer im Gruppenkontext (Becker-Stoll & Textor 2007). Die Bedeutung der Gesamtatmosphäre in der Gruppe und in der Einrichtung ist für das Wohlbefinden der Kinder, der Eltern und nicht zuletzt der pädagogischen Fachkräfte ausschlaggebend. Die Freude an der Interaktion mit den Kindern, die Freude am pädagogischen Handeln darf im Alltag nicht verlorengehen, damit eine entspannte, positive und überwiegend heitere Atmosphäre entstehen kann bzw. erhalten bleibt. Das „Wir-Gefühl" von Kindern, Eltern und Fachkräften kann bewusst unterstützt werden (vgl. Singer & de Haan 2007, S. 43f.) – durch:

- eine individuelle Art der Begrüßung am Morgen
- humorvolles Verständnis, wenn das Kind keinen so guten Tag zu haben scheint

Die Gesamtatmosphäre ist ausschlaggebend

- aufmerksame aber unaufdringliche Präsenz, wenn Kinder gemeinsam aktiv sind
- Beantwortung des fragenden Blickes (soziale Bezugnahme), wenn ein Kind sich der Verbindung zu seiner Erzieherin vergewissern möchte und in ihrem Gesicht lesen will, ob sein Verhalten Zustimmung findet oder auf Ablehnung stößt
- Anleitung und Unterstützung von Hilfsbereitschaft der Kinder untereinander
- altersangemessene Übertragung von Verantwortung
- Unterstützung der Einübung von konstruktiven Konfliktlösungen
- Rituale im Alltag und regelmäßige Aktivitäten, in die alle Kinder eingebunden sind und die doch genügend Freiraum für individuelle Bedürfnisse lassen
- das Feiern von Festen.

5.3 Kinder „unter drei" in Gruppen mit erweiterter Altersmischung

Viele Kindertageseinrichtungen stehen vor der Entscheidung, sich für Kinder unter drei Jahren zu öffnen. Zum einen geht es darum, mehr Plätze für Kinder in den ersten drei Lebensjahren zu schaffen. Andererseits kommt es häufiger vor, dass nicht alle Plätze in Kindergartengruppen mit Kindern über drei Jahren belegt werden können. Werden Kinder aufgenommen, deren Alter unter dem traditionellen Kindergartenalter liegt, entsteht in der Einrichtung eine neue, eine erweiterte Altersmischung. Diese bringt für alle Beteiligten, einschließlich der Eltern und der Kinder, Veränderungen mit sich. Sie stellt das gesamte Team und jede einzelne pädagogische Kraft, aber auch die Träger vor pädagogische, organisatorische und nicht zuletzt persönliche Herausforderungen. Alle Verantwortlichen wissen: Die erweiterte Altersmischung ist kein Selbstläufer, kann aber bei guter Planung, guten Rahmenbedingungen und fachlich qualifiziertem Personal eine gute Entwicklungsumgebung für alle Kinder sein (Niesel & Wertfein 2009). Neben dem Studium von Fachliteratur, dem Besuch von entsprechenden Fortbildungen ist die Hospitation in Einrichtungen, die schon länger zur Zufriedenheit der Fachkräfte mit der erweiterten Altersmischung arbeiten, eine sehr gute Quelle der Anregung und der Ermutigung. In vielen Bundesländern besteht bereits ein Netz von Konsultationseinrichtungen.

Ein- und Zweijährige in der erweiterten Altersmischung
Werden Kinder „unter drei" in Kindergartengruppen neu aufgenommen, stellen sich nicht nur die pädagogischen Fachkräfte, sondern auch die Eltern die Frage, wie die Kleinen wohl in einem Umfeld mit Kindern so unterschiedlichen Alters zurechtkommen werden. Ilka Riemann und Wiebke Wüstenberg (2004) haben in Frankfurt am Main zwölf Kindertageseinrichtungen, die Kinder ab einem Jahr aufgenommen haben, begleitet: Die Ein- und Zweijährigen in der Frankfurter Studie verbrachten drei Viertel der Zeit am Vormittag mit selbstbestimmten Aktivitäten. Dabei hatten sie bereits erstaunliche Selbstständigkeit und selbstregulierende Fähigkeiten entfaltet. Dazu gehörte auch, sich an eine Erzieherin zu wenden, wenn diese gebraucht wurde. An nicht selbstbestimmten Tätigkeiten (Morgenkreis, Frühstück etc.) waren die Jüngsten sehr interessiert und hatten auch keine Mühe daran teilzunehmen. Im Gegenteil – es machte ihnen offensichtlich Spaß, wenn sie Bewegungsfreiheit hatten bzw. die Aktivitäten nach ihren Bedürfnissen abändern konnten. Alltagsroutinen wie Wickeln, Anziehen, Vorbereitung zum Mittagschlaf hatten eine stark beziehungsorientierte Note. So wurden alle Kinder im Laufe des Vormittags nicht nur im Rahmen der Gruppe, sondern auch individuell mehrfach angesprochen. Beobachtet wurden die Kinder auch in Freispielsituationen: Wenn die Ein- und Zweijährigen mit altersgleichen Kindern spielten, dann vor allem in Zweierkonstellationen – häufig mit Spielpartnern oder Spielpartnerinnen desselben Geschlechts. Wenn es um Freundschaften der jüngsten Kinder ging, d. h. um feste Zweiergruppen, die

Praxiserfahrungen

regelmäßig zu zweit allein oder zu zweit immer gemeinsam mit anderen Kindern aktiv waren, so waren das überwiegend ungefähr gleich alte Kinder. Das Bedürfnis nach gezielt ausgewählten kontinuierlichen Spielpartnern wurde durch diesen Befund bestätigt. Es mag jedoch überraschen, dass im Freispiel altersgemischte (altersähnliche und altersferne) Spielgemeinschaften am häufigsten vorkamen. Selbst bei genügender Auswahl an altersgleichen Spielpartnern wurden altersgemischte Spielkonstellationen häufiger beobachtet. Zusammenfassend kann festgestellt werden, dass die Ein- und Zweijährigen die gesamte Vielfalt an altersunterschiedlichen Spielkonstellationen nutzten. Sie ließen sich auf alle Altersstufen ein, spielten sehr gerne mit drei- und vierjährigen Kindern, aber häufig auch mit fünf- und sechsjährigen Partnern bzw. mit Kindern beider Altersstufen zusammen – zu zweit, zu dritt oder zu viert bzw. in noch größeren Konstellationen, häufiger in geschlechtsheterogen als -homogenen Zusammensetzungen. Aus der Warte der älteren Kinder bedeutet das: Sie zeigten nicht nur eine hohe Bereitschaft, sich auf die Jüngeren, aber auch auf eine große Altersspanne zwischen sich und ihren Spielpartnern einzustellen. Das galt für Mädchen und Jungen, auch wenn sich Mädchen häufiger als Jungen auf „die Kleinen" einließen.

Die erweiterte Altersmischung vergrößert das Erfahrungsspektrum für die Jüngsten

Soziale Kompetenzen in den ersten Lebensjahren entwickeln sich zu einem großen Teil dadurch, dass Kinder an der Alltagswirklichkeit anderer Kinder teilnehmen. Sie leiten sich gegenseitig an, tauschen Erfahrungen aus und lernen voneinander. Soziale Bedeutungen werden in einer Weise kommuniziert, wie dies die Interaktion mit Erwachsenen nicht leisten kann (Ahnert 2005/2007c). Die erweiterte Altersmischung vergrößert das Erfahrungsspektrum für die Jüngsten durch die Anwesenheit der älteren Kinder.

Eine anregungsreiche Umgebung für verschieden alte Kinder
In altersähnlichen Spielkonstellationen haben jüngere Kinder die nächste Stufe der Entwicklung vor Augen. Für die älteren Kinder findet die Interaktion auf etwas niedrigerem Niveau statt. Sich

in der Situation partnerschaftlich anzupassen, bedeutet, sich auf einem gemeinsamen Level zu treffen. Dabei gibt es kein einheitliches Muster, sondern unterschiedliche Prozesse kommen zum Zuge. Es scheint individuell unterschiedliche Vorlieben für das Spiel mit älteren oder jüngeren Kindern zu geben, und auch diese Vorlieben können vorübergehend sein. Für altersferne Spielpartnerschaften (18 Monate und mehr) wird häufig als Vorteil genannt, dass jüngerer Kinder von der Anleitung durch die älteren Kinder profitieren. Dabei ist entscheidend, ob ältere Kinder es schaffen, sich dem niedrigen Entwicklungsniveau anzupassen und die Jüngeren aktiv zu beteiligen. Müssen die Kleinen passiv bleiben und dürfen nur zuschauen, ziehen sie sich meistens bald zurück. Aber auch wenn jüngere Kinder sich in Interaktionen mit Älteren nicht immer sichtbar entfalten können, kann es dennoch sein, dass sie etwas lernen, indem sie das Gesehene speichern und im eigenen Spiel anwenden. Ältere Kinder haben für die jüngeren Vorbildfunktion – ebenso wie Erwachsene. Die Jüngeren beobachten Handlungsabläufe und entschlüsseln Handlungsabsichten, die sie als Orientierung für das eigene Handeln nutzen. Sie entwickeln ein so genanntes Skript-Wissen. Das bedeutet: Sie machen sich mit den wichtigsten und typischen Elementen bestimmter Abläufe (wie z. B. Tischdecken) vertraut. Dieses Wissen nutzen sie, um sich in Alltagszusammenhängen zu orientieren und es auch auf neue Situationen zu übertragen. Für Spielhandlungen in einer Kindergruppe stellt Skript-Wissen ein wichtiges Element dar, um in der Interaktion mit anderen Kindern erfolgreich zu sein.

Es spricht vieles dafür, dass altersferne Spielpartnerschaften auch für die älteren Kinder ein Gewinn sein können, wenn es ihnen gelingt, sich gut auf die Fähigkeiten und das Sprachniveau der jüngeren einzustellen. In solchen Situationen übernimmt das ältere Kind als kompetente Person die Führung, bietet Anleitung und Hilfestellung bei der gemeinsamen Tätigkeit. Sich der Situation partnerschaftlich in Sprache, Zuwendung, Nachahmung, Denkfähigkeit und motorischen Fähigkeiten anzupassen bedeutet, das jeweils andere Kind für sich zu ge-

Ältere Kinder haben für die jüngeren Vorbildfunktion

winnen und sich auf einem gemeinsamen Niveau zu treffen. Das stellt eine komplexe Leistung dar. Das jüngere Kind eifert dem Vorbild des älteren Kindes nach und integriert die neuen Erfahrungen in sein Wissen, Denken, Fühlen und Verhalten. Das funktioniert dann am besten, wenn das ältere Kind sich so auf den Entwicklungsstand des jüngeren einstellt, dass dessen nächsthöhere Stufe der Entwicklung angesprochen wird und zudem kooperative Formen der Auseinandersetzung gefunden werden. Ältere Kinder (ebenso wie pädagogische Fachkräfte) tun das in der Regel, indem sie die Sprache vereinfachen, ihr Tun verlangsamen und an den Entwicklungsstand des jüngeren Kindes anknüpfen, indem sie es auch nachahmen (Wüstenberg 2008).

Zudem üben und verfeinern die älteren Kinder ihre Fähigkeiten, wenn sie den Jüngeren etwas zeigen, beibringen oder vorlesen. Beobachtungen haben bestätigt, dass in Gruppen mit erweiterter Altersmischung isolierte Kinder über die für sie einfacheren Kontakte mit jüngeren Kindern in die Gruppe hineinfinden (Griebel et al. 2004). Generell lässt sich jedoch sagen, dass sich Vorteile für alle aus einer erweiterten Altersmischung nicht allein aus dem Zusammensein der unterschiedlich alten Kinder ergeben, sondern pädagogisch gestaltet werden müssen.

Kinder brauchen auch gleichaltrige Mädchen und Jungen

> Kinder brauchen auch gleichaltrige und gleichgeschlechtliche Freunde

Kinder können vom gemeinsamen Aufwachsen mit älteren und jüngeren Kindern in vielerlei Hinsicht profitieren, aber sie brauchen auch gleichaltrige und gleichgeschlechtliche Freunde und Freundinnen. Werden nur einzelne Kinder, die noch nicht drei Jahre alt sind, in eine Kindergartengruppe aufgenommen, besteht die Gefahr, dass diese Jungen und Mädchen nicht genügend Chancen bekommen, Freunde oder Freundinnen im passenden Alter zu finden.

In Gruppen mit erweiterter Altersmischung verändern sich die Kontaktpräferenzen: Die Vorlieben für Spielpartnerinnen und Spielpartner gleichen Alters und gleichen Geschlechts werden mit größerer Altersmischung häufiger durchbrochen. Auch dies bedeutet eine Erweiterung der Spielräume. Gerade ältere Jungen scheinen den Umgang mit den Kleinen zu genießen. Hier besteht kein Wettbewerb, Gefühle und Sanftheit können gezeigt werden, ohne dass dies als „unjungenhaft" abgewertet wird. Dennoch: Mädchen und Jungen brauchen auch ihre gleichgeschlechtlichen Peers.

Konsequenzen für die Praxis in der erweiterten Altersmischung
Damit Kinder die Vorteile der erweiterten Altersmischung erleben und gleichzeitig ihr Bedürfnis nach Freundschaften mit ähnlich alten Kindern beiderlei Geschlechts verwirklichen können, bietet sich die so genannte „innere Öffnung" an. Es gilt dafür Sorge zu tragen, dass die speziellen Bedürfnisse aller Altersgruppen berücksichtigt werden. An die Jüngsten (wegen ihres besonderen Fürsorgebedürfnisses) und an die Ältesten (wegen des bevorstehenden Schuleintritts) wird meistens sofort gedacht. Aber auch die Kinder „in der Mitte" müssen sich sowohl als Individuum als auch als Teil ihrer Gruppe wertgeschätzt fühlen.

Innere Öffnung

Für die Integration von Kindern unter drei Jahren in einen Regelkindergarten bieten sich folgende Möglichkeiten an (Haug-Schnabel & Bensel 2006, S. 55f.):

- **Modell: Zwei kooperierende Gruppen**
  In zwei Gruppen, die ihren pädagogischen Alltag in enger (auch räumlicher) Zusammenarbeit gestalten, werden Kinder von ein oder zwei bis sechs Jahren aufgenommen. So ist neben der Altersmischung auch der Wunsch nach gleichaltrigen und gleichgeschlechtlichen Spielpartnern für alle Altersgruppen am ehesten erfüllt. Die Räumlichkeiten können gezielt nach verschiedenen Themenschwerpunkten für beide Gruppen gemeinsam gestaltet werden, und nicht jede Gruppe muss jeweils Platz und Ausstattung für alle Angebote vorhalten. Die enge Kooperation erleichtert die Umsetzung altersspezifischer und geschlechtsspezifischer Angebote.

- **Modell: Halb offenes Konzept mit Stammgruppen**
Die Kinder spielen außerhalb ihrer Stammgruppenzeiten in „Funktionsräumen". Unter Dreijährige werden in diesen Zeiten anfangs in „Nestgruppen" betreut. Das bedeutet: Sie erhalten von ihrer Bezugserzieherin spezielle Angebote und werden langsam mit den weiteren Spiel- und Aktionsmöglichkeiten und mit den älteren Kindern der Einrichtung vertraut gemacht. Durch geschickte Angebotsauswahl tragen die Erzieherinnen dazu bei, altersgemischte Interaktionen zu ermöglichen.

- **Modell: Offene Arbeit mit Kindern**
Auch bei einem offenen Konzept wird für Kinder unter drei Jahren eine nestgruppenähnliche Anfangsbetreuung vorausgesetzt. Jedes Kind startet mit seiner Bezugserzieherin am bekannten Ort und unternimmt in ihrer Begleitung Exkursionen in die anderen Bereiche der Kita und zu den größeren Kindern. Meist brauchen die unter Dreijährigen spezielle Essens-, Schlafens- sowie Pflegezeiten, die organisiert werden müssen. Für jedes der Kinder prüft die Bezugserzieherin, ob und wann es in der Lage ist, sich in dem größeren Angebotsrahmen zu orientieren. Das erfordert eine hohe Flexibilität.

- **Modell: Krabbelgruppe innerhalb der Kita**
Auf den ersten Blick ist es organisatorisch (und oft auch finanziell) am einfachsten, eine Krabbel- oder Kleinstkindgruppe neu zu schaffen und in die bestehende Einrichtung zu integrieren. Erst bei genauerer Betrachtung wird klar, dass hier viel Planung nötig ist, um die „Krippenerzieherinnen" innerhalb des Gesamtteams nicht zu isolieren und den Kleinen nicht nur sporadisch Kontakte mit den Großen und den Kindergartenaktivitäten zu ermöglichen. Das würde zu unnötigen Übergangsproblemen und einer zweiten Eingewöhnung führen, wenn diese Kinder dann mit drei Jahren in die Kindergartengruppe wechseln müssen.

In eingruppigen Einrichtungen oder in einer einzigen altersgemischten Gruppe sind entwicklungsgleiche und altersunterschiedliche Spiele und Freundschaften mit Kindern des eigenen oder des anderen Geschlechts kaum für alle Kinder zu gewährleisten und werden daher nicht empfohlen.

Flexibilität im verlässlichen Rahmen
Der Tagesablauf muss für alle Kinder ausreichende Flexibilität in einem verlässlichen Rahmen ermöglichen. Diese Fixpunkte, häufig verbunden mit vertrauten Ritualen, sind nicht nur für die Jüngsten wichtige Orientierungen und Hilfen. Auch für Kinder, die bereits ihren dritten Geburtstag gefeiert haben, kann der Kita-Alltag manchmal anstrengend, zu laut und unübersichtlich sein. Die erweiterte Altersmischung kann nicht ununterbrochen, d. h. über den ganzen Tag hinweg, praktiziert werden. Bewusst durchgeführte Trennungen der Altersgruppen mit separaten Angeboten tragen den altersspezifischen Bedürfnissen Rechnung.

Erzieherinnen, die bereits mit der erweiterten Altersmischung für Kinder ab dem Alter von einem Jahr bis zum Schuleintritt arbeiten, berichten: Für die Kleinen und die Großen gibt es zwei parallele Tagesverläufe, die den Bedürfnissen der Jüngsten nach flexiblen Essens- und Ruhezeiten und denen der älteren Kinder nach ungestörten anspruchsvolleren Tätigkeiten mit Gleichaltrigen Rechnung tragen. Jeder Tag bietet darüber hinaus Fixpunkte, an denen sich die ganze Gruppe trifft. Regelmäßig gibt es Projekte, zu denen alle Kinder ihren altersgemäßen Beitrag leisten. Positive Entwicklungsmöglichkeiten in den verschiedenen Alterskonstellationen ergeben sich nicht von allein durch die Gruppenzusammensetzung, sondern sind davon abhängig, wie Erwachsene ihre Erziehungsaufgabe verstehen und umsetzen. In altersgleichen, altersähnlichen und altersfernen Spielpartnerschaften stecken spezifische Erfahrungsmöglichkeiten, die entdeckt und gefördert werden müssen. Um den Bedürfnissen der verschiedenen Altersgruppen gerecht zu werden, sind Differenzierungen im Tages-, Wochen- und Jahresverlauf nötig.

Spezifische Erfahrungsmöglichkeiten entdecken und fördern

Die jüngeren Kinder laufen nicht einfach mit – eine neue pädagogische Konzeption muss erarbeitet werden:

- Die pädagogischen Fachkräfte benötigen ein breiteres Fachwissen und eine hohe pädagogische Aufmerksamkeit, damit das positive Potenzial dieser Struktur ausgeschöpft werden kann.
- Die pädagogischen Fachkräfte, die Kinder und auch die Eltern brauchen ein gewisses Maß an Erfahrung mit dieser neuen Struktur. Die Erfahrungen werden zu Anfang in kurzen Abständen reflektiert, überprüft und gegebenenfalls modifiziert.
- Das Wohlbefinden jedes einzelnen Kindes ist ein wichtiger Gradmesser dafür, dass es die Entwicklungs- und Bildungschancen seiner Umgebung bestmöglich nutzen kann.
- Mädchen und Jungen wollen nicht nur zu deutlich jüngeren oder älteren Kindern Kontakte und Beziehungen haben, sondern vor allem auch zu Gleichaltrigen ihres Geschlechts. Die Öffnung der Gruppen ist ein wichtiges Mittel, um diesem Bedürfnis gerecht zu werden.
- Das Zusammengehörigkeitsgefühl der Kinder einer Gruppe und einer Einrichtung wird durch gemeinsame Tätigkeiten und Angebote angeregt, zu denen alle Kinder entsprechend ihres Entwicklungsstandes einen Beitrag leisten.
- Eine offene Kommunikation ist erforderlich, um die Wünsche und Bedürfnisse der Eltern wahrzunehmen und mit ihnen abzustimmen – insbesondere, wenn neue Angebotsformen auch für die Eltern mit Unsicherheiten verbunden sind.
- Für die Kinder, die bereits in der Tageseinrichtung sind, ändert sich vieles: Gibt es ein Forum (z. B. eine Kinderkonferenz), in dem die Kinder regelmäßig Mitsprache und Beteiligung (aus-)üben können? Gibt es neue Regeln, die mit den Kindern gemeinsam festgelegt werden? Können sie bei der Umgestaltung ihre Wünsche äußern?

- Die Einstellungen aller Beteiligten – Träger, Fachberater, Leitungen, Gruppenleitungen und Eltern – spielen bei Einführung und Durchführung der erweiterten Altersmischung eine entscheidende Rolle.
- Die Arbeits- und Rahmenbedingungen müssen den veränderten pädagogischen Anforderungen angepasst werden.

6. Beobachtung, Dokumentation und Entwicklungsbegleitung in den ersten drei Lebensjahren

6.1 Warum beobachten? – Bildung und Beobachtung gehören zusammen

Beobachtung und Dokumentation kindlicher Entwicklungs- und Lernprozesse in Kindertageseinrichtungen haben in den letzten Jahren an Bedeutung gewonnen und sind inzwischen in den Bildungs- und Erziehungsplänen fast aller Bundesländer verankert. „Beobachten meint ein aufmerksames Wahrnehmen, das darauf zielt, ein Ereignis oder Verhalten zu verstehen, eine Vermutung zu überprüfen, eine Entscheidung zu treffen" (Leu 2006, S. 232). Pädagogische Fachkräfte beobachten täglich die Kinder in ihrer Gruppe und haben in der Regel einen guten Überblick darüber, welche Kinder häufiger miteinander spielen, welche Neigungen sie haben und was einzelne besonders gut können. Kinder sind von Geburt an aktive Gestalter ihrer Entwicklungs- und Bildungsprozesse. Alles, was ein Kind engagiert und mit Freude tut, macht für es einen Sinn, auch wenn Erwachsene diesen zunächst nicht entschlüsseln können (Viernickel & Völkel 2005).

Beobachtung beeinflusst Bildungsprozesse
Ausgangssituation sind regelmäßige Beobachtungen kindlicher Aktivitäten, Ressourcen und Interessen, die die Erzieherin pädagogisch (z. B. mit einem Materialangebot) beantworten möchte. Durch die Analyse kann sie die Situation von verschiedenen Perspektiven aus beleuchten und im Dialog die Bedeutung für das einzelne Kind erfragen. Auch weiterführende gezielte Beobachtung kann dazu beitragen, die eigene Wahrnehmung zu erweitern.

Auf dieser Grundlage kann die Erzieherin konkrete pädagogische Ziele formulieren und entsprechend ihrer pädagogischen Antwort die aktuellen Entwicklungsthemen der einzelnen Kinder mitgestalten. Dieses pädagogische Handeln wird reflektiert und durch weitere gezielte Beobachtungen überprüft. Das Ergebnis dieses Reflexionsprozesses kann die Grundhaltung der pädagogischen Fachkraft prägen, mit welcher sie neue gerichtete sowie ungerichtete Beobachtungen durchführt. Kommt die Erzieherin im Rahmen der Situationsanalyse zu der Entscheidung, dass möglicherweise entwicklungsgefährdende Auffälligkeiten vorliegen, kann den Eltern spezifische Diagnostik und Beratung – z. B. beim Kinderpsychologen oder in einer Beratungsstelle – zur weiteren Abklärung empfohlen und vermittelt werden.

Konkrete pädagogische Ziele formulieren

Beobachtung ist Ausdruck einer pädagogischen Grundhaltung
Beobachtung hat zum Ziel, Kinder besser zu verstehen, partnerschaftlich zu begleiten und angemessen zu unterstützen (Viernickel & Völkel 2005). Dies setzt ein Interesse am Kind voraus, die Bereitschaft jedes Kind ernst zu nehmen und sich auf seine Welt einzulassen, ohne je ganz in sie eintauchen zu können. Alltagsbeobachtungen reichen nicht aus, um zu erfahren, wofür sich Kinder interessieren und engagieren, welche Grundannahmen sie haben und wie sie ihre Welt ordnen und verstehen. Erst eine gezielte und regelmäßige Beobachtung jedes Kindes und der Austausch mit seiner Familie können zu mehr Verständnis und einer lebendigen Bildungspartnerschaft zwischen Kindern, Eltern und Kindertageseinrichtung beitragen. Dies gilt gerade auch für Kinder und Familien unterschiedlicher kultureller Herkunft.

Gezielte und regelmäßige Beobachtung jedes Kindes

Beobachtung ist subjektiv
Beobachtung ist niemals objektiv, sondern immer geprägt von der Person des Beobachters. Sie knüpft an ihr Wissen, ihre bisherigen Erfahrungen und ihre erworbenen Wertvorstellungen an. Vor allem die persönliche Erwartungshaltung an das Kind bestimmt, welche Botschaften des Kindes wahrgenommen, gesehen, gehört, gedacht und welche übersehen werden (Kazemi-Veisari 2005). So entstehen subjektive Bilder, die aus persönlichen Einschätzungen und aus sinnlichen Wahrnehmungen des kindlichen Tuns zusammengesetzt sind (Kazemi-Veisari 2004). Da Beobachtungen bestimmte Aspekte und Ausschnitte kindlicher Verhaltensweisen auswählen und lediglich sicht- und hörbare Aspekte umfassen, ist es notwendig, Kinder in unterschiedlichen Situationen und Kontexten zu beobachten und verschiedene Blickwinkel im pädagogischen Team zu reflektieren. Auf diese Weise kann man sich der Persönlichkeit des Kindes und seiner Entwicklungsgeschichte schrittweise annähern und vorschnelle Schlussfolgerungen vermeiden (Kazemi-Veisari 2005).

Beobachtung ist immer geprägt von der Person des Beobachters

Jede Beobachtung beginnt mit einer wert- und deutungsfreien Beschreibung der kindlichen Handlungen. Eine möglichst konkrete und genaue Beschreibung lässt den Beobachter aufmerksam und genau hinschauen und ermöglicht ihm so einen Zugang zum Erleben und Verstehen des Kindes (Viernickel & Völkel 2005).

Beobachtung ist ressourcenorientiert
Durch die Subjektivität der Beobachtung ist der Beobachter innerlich beteiligt an den Prozessen und am Erleben des Kindes und steht in enger Beziehung zum Kind. Die Bilder, die im Kopf der pädagogischen Fachkraft entstehen, und ihre Grundhaltung drücken sich in ihrem Handeln, z. B. ihrer Sprache, aus und wirken so auf das Kind zurück (Kazemi-Veisari 2004). Ist die Fachkraft interessiert an den individuellen Stärken des Kindes, kann sie ihm Bestätigung und Anerkennung darüber vermitteln, was es schon alles kann. Sie stärkt sein Selbstwertgefühl und motiviert es so zum Weiterlernen und Explorieren. Defizitorientierte Beobachtung hingegen, die vor allem auf die „Auffälligkeiten" eines Kindes ausgerichtet ist, kann lediglich Rückmeldung darüber geben, was es noch nicht kann. Diese Art der Beobachtung betont die kindlichen Schwächen, wird von Kindern häufig als Kontrolle wahrgenommen und kann sie entmutigen, sich neuen Herausforderungen zu stellen.

Interesse an den individuellen Stärken des Kindes

Beobachtung schließt Kommunikation ein
Nicht nur die pädagogische Fachkraft beobachtet Kinder. Auch die Kinder beobachten, was die Erzieherin tut. Sie möchten wissen, warum die Erzieherin ihnen zuschaut und dabei Stift und Papier benutzt. Durch den Austausch – bei jüngeren Kindern sind Fotos gut geeignet – kann die Erzieherin dem Kind vermitteln, dass sie versucht, die Dinge und ihre Bedeutungen aus seiner Sicht zu betrachten. Damit schenkt sie jedem Kind Be-Achtung und Anerkennung. Das Kind erfährt auf diese Weise Wertschätzung – und Beobachtung wird damit „nicht am Kind' durchgeführt, sondern zu einer Form der Kommunikation mit dem Kind" (Kazemi-Veisari 2005, S. 125).

Beobachtung ermöglicht die Beschreibung individueller Entwicklungsverläufe

Jedes Kind hat unterschiedliche Strategien, sich seine Welt anzueignen. Kinder setzen sich ständig mit neuen Entwicklungsaufgaben und -übergängen auseinander. Systematische und regelmäßige Beobachtung richtet sich auf die Besonderheiten, die individuellen Entwicklungsschritte und Lernwege jedes Kindes, die im familiären Umfeld oftmals kaum bemerkt werden oder unkommentiert bleiben. Professionelle Beobachtung beschreibt, wie das einzelne Kind neue Fertigkeiten lernt, wie es seine Vorstellungen über die Umwelt und seine Mitmenschen erweitert und neue Herausforderungen bewältigt. Durch die Wahrnehmung und Würdigung seiner Entwicklungsbemühungen bekommt jedes Kind seine Bestätigung und wird ermutigt, neue Herausforderungen zu suchen (Bensel & Haug-Schnabel 2005).

Individuelle Entwicklungsschritte und Lernwege

Beobachtung hilft, individuelle Bildungsprozesse zu verstehen

Den Dialog über Bildungs- und Entwicklungsprozesse kann die Beobachterin unterstützen, indem sie jedem Kind aufgeschlossen und in einer fragend-forschenden Grundhaltung begegnet, es von unterschiedlichen Seiten kennen lernt und so zu einer Intensivierung der Erzieherin-Kind-Beziehung beiträgt (Bensel & Haug-Schnabel 2005). Vor allem das konzentrierte Beobachten des kindlichen Spiels kann Aufschluss darüber geben, wie einzelne Kinder ihre Welt strukturieren, welche Fragen sie beschäftigen und welche fantasievollen Lösungen sie entwickeln. Jede sorgfältige Beobachtung „schärft" den Blick und die Aufmerksamkeit der pädagogischen Fachkraft für weitere wichtige Lern- und Bildungsprozesse der Kinder (Kazemi-Veisari 2004, S. 51f.).

In der nachfolgenden Lerngeschichte (nach Klein 2004, S. 238ff.) wird deutlich, wie die Beschreibung einzelner Beobachtungen in der Zusammenschau Bildungsprozesse und kindliche Kompetenzen sichtbar und interpretierbar macht.

Beispiel einer Lerngeschichte
Julian war 13 Monate alt und seit ein paar Wochen in der Gruppe. Er konnte noch nicht alleine laufen, krabbelte wie der Blitz in der Gruppe und im Flur umher und zog sich, wo immer es ging, hoch. Er hatte aber noch etwas Probleme damit, das Gleichgewicht zu halten. Julian beobachtete sehr aufmerksam, was in der Gruppe passierte: Im Gruppenraum stand als eine Art Raumteiler ein Stufenregal mit vier Brettern in circa 40 Zentimeter Abstand. Dieses Regal wurde für Julian bald zum absoluten Anziehungspunkt. Immer wieder war zu beobachten, wie er sich an der ersten „Stufe" hochzog und sich mühte, auf das Brett zu steigen. Mehr als zehn Minuten lang versuchte er, sein Ziel zu erreichen. Immer wieder war sein Mühen vergeblich, aber er ließ nicht locker. Zwischendurch wurde er von Elisa (3 Jahre) zur Seite geschoben, weil sie auf dem Regal etwas entdeckt hatte, das sie haben wollte. Sie stieg hoch, holte sich den Gegenstand und kletterte wieder hinunter.

Die nächsten Tage probierte es Julian wieder und wieder – nach etwa einer Woche hatte er es geschafft: Die erste Stufe war erobert! Aber da warteten ja noch zwei weitere. Julian war jetzt immer wieder dabei zu sehen, wie er mit dem Regal kämpfte. Er erinnerte an einen Bergsteiger, der den Mount Everest erobert, bis er schließlich auf der dritten Stufe stand und sich unglaublich freute. Die Erzieherinnen freuten sich mit ihm – trotz der ständigen Angst, dass er abstürzen könnte. Bald beherrschte Julian souverän das Auf- und Absteigen vom Regal. Wann immer ihm etwas herunterfiel, stieg er unverdrossen ab, hob es auf, stieg erneut hinauf und legte es an seinen Platz.

Julian zeigte dabei seine hohe Ausdauer, Konzentration, Zielstrebigkeit und Körperbeherrschung. Er ließ sich von Fehlversuchen nicht entmutigen, weinte nicht, wenn er abrutschte oder sonst etwas schief ging – ein wichtiger Hinweis darauf, wie Julian mit Herausforderungen und Schwierigkeiten umgeht. Vor allem aber konnten die Erzieherinnen entdecken, auf welche ganz eigentümliche und individuelle Weise Julian sich selbst das Laufen, Klettern und Gleichgewicht-Halten „beigebracht" hatte.

6.2 Wie beobachten? – Voraussetzungen und Merkmale professioneller Beobachtung

Beobachtung geht über das bloße Aufnehmen und Verarbeiten von Informationen hinaus und ist ein aktiver und selektiver Prozess (Leu 2006). Da Beobachtung einen speziellen Blickwinkel und damit die Aufmerksamkeit auf ausgewählte Aspekte voraussetzt, ist eine „ganzheitliche" bzw. ungerichtete Beobachtung nicht immer ausreichend. Spontane Beobachtungen mit ungerichteter Aufmerksamkeit können durchaus dazu beitragen, dass sich unerwartete Einsichten in die Welt des Kindes eröffnen und das Bild vom Kind erweitern oder vervollständigen (Viernickel & Völkel 2005). Da ungerichtete und unreflektierte Beobachtung jedoch besonders Gefahr läuft, sich an Augenfälligkeiten oder persönlichen Erwartungen zu orientieren („Man sieht, was man zu wissen glaubt"), kann gezielte und vorbereitete Beobachtung bewusst die Kompetenzen und Stärken des Kindes in den Blick nehmen.

Gezielte und vorbereitete Beobachtung

Jede pädagogische Fachkraft muss lernen, deutlich zu unterscheiden zwischen der sachlichen Beobachtung, ihrer Interpretation oder Deutung und ihren Gefühlen, die möglicherweise ausgelöst werden (vgl. Bensel & Haug-Schnabel 2005). Somit braucht qualifizierte Beobachtung einerseits eine wachsame Haltung auch gegenüber falschen Annahmen, „Beobachtungs-Irrtümern" und „falschen Bildern" („Wir sehen das, was auffällt"). Hierzu gehört das ständige Hinterfragen der eigenen Erwartungen, da diese die Wahrnehmung prägen („Wir sehen das, was wir erwarten"). Andererseits setzt qualifizierte Beobachtung fundiertes Wissen voraus – insbesondere darüber, wie Lernprozesse funktionieren, auf welche Weise sich Kinder ausdrücken und worin sie sich von Erwachsenen unterscheiden können („Wir sehen das, was wir kennen").

Beobachtung – was hat sich bewährt?

Beobachtungen sind nur dann von nachhaltig pädagogischem Nutzen, wenn sie nicht nur punktuell oder zufallsmäßig erfolgen, sondern regelmäßig und systematisch durchgeführt werden. Das kann in unterschiedlichen Situationen geschehen – während des

Freispiels, bei angeleiteten Aktivitäten oder Projekten, wenn Kinder alleine oder gemeinsam mit anderen spielen.

In der pädagogischen Praxis von Kindertageseinrichtungen hat sich die so genannte „nicht-teilnehmende Beobachtung" bewährt. Das bedeutet: Die Beobachterin klinkt sich aus dem Geschehen aus, greift auch nicht spontan ein, sondern konzentriert sich für einen bestimmten Zeitraum ausschließlich auf ihre Beobachtung und Aufzeichnung. Festgehalten werden neben den Daten wie Datum, Uhrzeit, Name des Kindes auch eine kurze Kontextbeschreibung und Vermerke, die zum Verstehen des Verhaltens eines Kindes beitragen (z. B. eine gerade überstandene Erkrankung oder die Abwesenheit der besten Freundin). Das klassische Vorgehen mit Stift und Papier sowie das Arbeiten mit Fotos haben ganz pragmatische arbeitsökonomische Vorteile. Im Vergleich dazu ist beim Vorgehen mit der Videokamera die Gefahr groß, dass sich ungenutztes Material anhäuft, weil für die Auswertung die zweite Person fehlt (vgl. dazu ausführlich Bensel & Haug-Schnabel 2005).

Nicht-teilnehmende Beobachtung

Da die Wahrnehmungsfähigkeit des Beobachters beschränkt ist und mit der Zeit die Aufmerksamkeit nachlässt, wird professionelle Beobachtung in einem sinnvollen Zeitrahmen geplant. Eine Beobachtungsdauer von 10 bis 15 Minuten sollte in der Regel nicht überschritten werden. Bei ungeübten Beobachtern kann es sinnvoll sein, mehrere fünfminütige Beobachtungen konzentriert durchzuführen und detailliert zu dokumentieren. Die Dauer der Beobachtung hängt nicht nur von der Person des Beobachters ab, sondern auch vom Beobachtungsanlass (Fragestellung) und der aktuellen Situation. Beobachtungen sollten möglichst parallel oder gleich im Anschluss der Situation notiert werden. Je länger der zeitliche Abstand zur eigentlichen Beobachtung, desto ungenauer fällt die Dokumentation aus (Viernickel & Völkel 2005).

Sinnvoller Zeitrahmen

Beobachtungen brauchen Zeit
„Beobachten ist eine respektvolle und aufmerksame Zuwendung, die Zeit und Absicht voraussetzt. (…) Der schnelle Blick taugt nicht als Instrument des Verstehens" (Kazemi-Veisari 2004, S. 50).

Deshalb müssen in jeder Einrichtung Beobachtungszeiten für jede Fachkraft verfügbar sein. In dieser Zeit verlässt die pädagogische Fachkraft ihre sonstige Rolle, ist für Gruppe und Kolleginnen keine Ansprechpartnerin und richtet ihre Aufmerksamkeit vollständig auf das zu beobachtende Kind (Viernickel & Völkel 2005). Die sonstigen Aufgaben der pädagogischen Fachkraft werden von anderen übernommen. Dies erfordert eine einrichtungsübergreifende und systematische Zeitplanung mit festen Absprachen und die Bereitschaft jeder Fachkraft, ihre Aufgaben und „ihre" Kinder an andere abzugeben. Auch die Kinder werden informiert, was in den Beobachtungszeiten geschieht und welche Regeln dann für den gegenseitigen Umgang gelten. Wenn die Kinder wissen, warum die Beobachterin in ihrer Nähe sitzt, sich Notizen macht und dabei nicht gestört werden will, fördert dies das kindliche Vertrauen und Verständnis (Kazemi-Veisari 2004). Über die geplanten und vorbereiteten Beobachtungszeiten hinaus sollte jede pädagogische Fachkraft sich auch „zwischendurch" und spontan Zeit für wichtige Augenblicke im Bildungs- und Gruppengeschehen nehmen können.

Beobachtungszeiten für jede Fachkraft

Räume und Ausstattung beobachten

Ein Teil der Beobachtung kann auch auf die räumlichen und materiellen Bedingungen der Kindertageseinrichtung gerichtet sein. Sie stellen einen wesentlichen Bestandteil des kindlichen Explorationsraums dar und können die Bildungsprozesse fördern oder behindern. Kinder wirken bei der räumlich-materiellen Gestaltung ihres Lebens- und Bildungsraumes mit, reagieren aber auch sensibel auf ungünstige Konstellationen. Häufige Konflikte und Regelverletzungen können durch ungünstige Raumstrukturen (z. B. einer zu großen räumlichen Nähe von Ruhe- und Tobezone) verursacht sein (Kazemi-Veisari 2004).

Vorschnelle Deutungen vermeiden

Die sinnliche Wahrnehmung, die emotionale Reaktion des Beobachters und die Bewertung der Beobachtungen sind eng miteinander verknüpft sind. Eine häufige Fehlerquelle besteht darin, dass die Beobachtung vorschnell und einseitig interpretiert wird. Auf diese Weise können schnell Missverständnisse zwischen kindlicher Welt und Erwachsenenwelt entstehen – Einschätzungen, die durch das Unterstellen unzutreffender Absichten letztlich am tatsächlichen Erleben des Kindes vorbeigehen.

Auch durch die ungenaue Beschreibung des kindlichen Verhaltens gerät der Beobachter in die „Beobachtungsfalle". Er sieht nur das, was er sehen will oder seiner sonstigen Erfahrung entspricht (Kazemi-Veisari 2004; Viernickel & Völkel 2005). Was im alltäglichen Leben hilfreich ist und unbewusst abläuft, ist im Rahmen der professionellen Beobachtung hinderlich.

Damit die eigenen Sichtweisen und Bewertungen nicht den Blick für das Wesentliche – die Lernchancen und Entwicklungsgelegenheiten des einzelnen Kindes – trüben, muss die persönliche Perspektive hinterfragt werden. Die Fragen lauten: Was genau kann ich beobachten? Welche Reaktion löst das kindliche Verhalten bei mir aus? Welche Schlüsse ziehe ich daraus? (Viernickel & Völkel 2005). Auf diese Weise lässt sich bewusst vermeiden, von der Beobachtung bestimmter kindlicher Verhaltensweisen auf die Person des Kindes zu schließen und fehlende Informationen durch eigene Annahmen und Deutungen zu „vervollständigen" (vgl. Kazemi-Veisari 2004).

Die persönliche Perspektive hinterfragen

Beobachtung setzt Vertrauen voraus

Beobachtung und Dokumentation unterliegen ethischen Richtlinien. Dazu gehören die Achtung der Menschenwürde, der Respekt vor dem Kind sowie die Akzeptanz des Kindes mit all seinen Stärken und Schwächen. Beobachtung „auf Augenhöhe" (Strätz & Demandewitz 2007, S. 30) berücksichtigt die Persönlichkeitsrechte des Kindes vor allem durch den unmittelbaren Kontakt und das aufmerksame Gespräch: Kinder haben das Recht, eine Beobachtung abzulehnen und zu kommentieren oder Beobachtungen anzuregen (Lipp-Peetz 2007). Darüber hinaus unterliegen Beobachtungsergebnisse über Lern- und Entwicklungsprozesse grundsätzlich den gesetzlichen Bestimmungen des Sozialdatenschutzes (§ 65 SGB VIII): Die Eltern werden über die Planung,

Durchführung und Auswertung von Beobachtungen informiert. Im Rahmen der Zusammenarbeit mit anderen Institutionen, z. B. Fachdiensten, Kindergärten sowie dem Träger, dürfen anvertraute Beobachtungsdaten über ein Kind nur mit Einwilligung der Eltern übermittelt werden.

Vertrauensvolle Zusammenarbeit mit den Eltern

Gerade in den ersten Lebensjahren ist eine vertrauensvolle Zusammenarbeit mit den Eltern von besonderer Bedeutung. Sie können auf diese Weise an die Ereignisse während der außerfamiliären Tagesbetreuung im Familienalltag anknüpfen und werden in ihrer elterlichen Kompetenz gestärkt. Neben der täglichen Rückmeldung „zwischen Tür und Angel" bieten regelmäßige Entwicklungsgespräche die Möglichkeit, sich über Beobachtungen zur aktuellen Entwicklung, den individuellen Bedürfnissen und Interessen des Kindes auszutauschen. Durch diesen partnerschaftlichen Dialog können die Eltern und die Erzieherin den pädagogischen Alltag und Erfahrungen im häuslichen Umfeld miteinander teilen, eine Vertrauensbasis aufbauen und ihr jeweiliges Bild vom Kind reflektieren und vervollständigen (Heinze-Nießner 2007).

Beobachtungsbasierte und ressourcenorientierte Dokumentationen, die das alltägliche Wachsen und Lernen abbilden, tragen wesentlich dazu bei, dass Eltern die Kompetenzen und Entwicklungen ihrer Kinder nachvollziehen und stolz auf sie sein können. Sie erhalten die Zuversicht, dass kindliches Tun und Lernen – auch wenn die Welt des Kindes den Erwachsenen nicht immer verständlich ist – eine wichtige und sinnvolle Basis für lebenslanges Lernen darstellt (Kazemi-Veisari 2004). Der Aufbau einer tragfähigen und von Wertschätzung geprägten Beziehung durch regelmäßigen Kontakt und Austausch zwischen Eltern und Bezugserzieherin erleichtert die vertrauensvolle Zusammenarbeit auch dann, wenn Entwicklungsauffälligkeiten oder unterschiedliche Wahrnehmungen kindlichen Verhaltens bei Eltern und Fachkraft auftreten.

Beobachtungsgrundsätze

Nachfolgend werden die wichtigsten Grundsätze und Qualitätsmerkmale professioneller Beobachtung und Dokumentation zusammengefasst:

- Beobachtung wird für jedes Kind durchgeführt.
- Beobachtung braucht einen Aufmerksamkeits-Fokus, sollte systematisch sein und als nicht-teilnehmende Beobachtung durchgeführt werden.
- Beobachtung braucht Zeit und sollte nicht unter Druck (z. B. kurz vor dem Gespräch mit den Eltern) stattfinden.
- Beobachtung sollte in regelmäßigen Zeitabständen wiederholt werden, um individuelle Entwicklungsfortschritte oder Verhaltensänderungen festzuhalten und das kindliche Verhalten in unterschiedlichen Kontexten zu erfassen.
- Beobachtung orientiert sich primär an Kompetenzen und Interessen der Kinder und berücksichtigt Stärken und Schwächen.
- Beobachtung vermittelt dem Kind Wertschätzung und Anerkennung.
- Beobachtung ist grundsätzlich auf die Partizipation, d. h. die Mitwirkung, Mitgestaltung und Mitbestimmung von Kindern und ihren Eltern ausgerichtet.
- Schlussfolgerungen aus Beobachtungen stellen lediglich eine vorläufige Antwort dar, aus denen wiederum neue Fragestellungen hervorgehen.
- Es ist klar zu trennen zwischen der „regulären Beobachtung für jedes Kind" (Grundbeobachtung) und dem Vorgehen sowie den Verfahren, die spezifische Zielsetzungen (z. B. Früherkennung von Entwicklungsproblemen) haben.

6.3 Was beobachten? – Beobachtung und Dokumentation von Bildungsprozessen und Entwicklungsschritten

Grundsätzlich lassen sich drei verschiedene Blickwinkel von Beobachtung unterscheiden:
- **Beobachtung der kindlichen (Selbst-)Bildungsprozesse** (z. B. Wie und womit spielen und lernen einzelne Kinder?), der Lernbereitschaft und der individuellen Interessen sowie

der sozialen Bezüge zu anderen Kindern und Bezugspersonen
- **Beobachtung des individuellen Entwicklungsstands bzw. des Entwicklungsverlaufs** (Bewältigung von Entwicklungsaufgaben, Übergängen) und der individuellen Kompetenzen
- **Spezifische Beobachtung** und Erstellung von Entwicklungsprofilen zur Früherkennung und Prävention von Entwicklungsverzögerungen im Vergleich zu den Gleichaltrigen.

Prozessorientierte Beobachtung und Dokumentation

In den Einrichtungen der Reggio Emilia, die den Begriff der Dokumentation für die pädagogische Arbeit geprägt haben, werden individuelle Portfolios („Ich-Bücher") erstellt (vgl. Ostermayer 2007). Sie setzen sich aus schriftlichen Beobachtungen der Fachkräfte, Fotos, kreativen Arbeiten der Kinder, Informationen der Eltern und Kommentaren der Kinder zusammen. Da Portfolios auch die pädagogische Arbeit in der Einrichtung dokumentieren, geraten Erzieherinnen leicht unter Druck, das pädagogische Geschehen und die kindliche Entwicklung – auch auf Kosten von sorgfältiger Beobachtung und Reflexion – möglichst lückenlos abzubilden (Hardenberg 2007). Bei der Erstellung von Portfolios geht es jedoch nicht darum, sämtliche Beobachtungsprotokolle und möglichst alle Arbeitsergebnisse der Kinder zu sammeln und abzuheften. Portfolios verfolgen vielmehr das Ziel, die Bedeutung von ausgewählten Ereignissen für die Biografie und Entwicklung des einzelnen Kindes aufzuzeigen und „sich an das anzunähern, was im Kind geschieht" (Steudel 2008).

An der Gestaltung und Auswahl der Dokumente, die in das Portfolio mit aufgenommen werden, sind die Kinder beteiligt. Die pädagogischen Fachkräfte unterstützen die Kinder bei der Dokumentation, indem sie ihre Beobachtungen und Äußerungen festhalten. Das Portfolio stellt damit ein gemeinsames Arbeitsinstrument von Kindern und pädagogischen Fachkräften dar, das stetig weiterentwickelt wird und gleichzeitig zum „Brückenglied" für die Bildungs- und Erziehungspartnerschaft mit den Eltern wird (Leu et al. 2007). Gerade im Hinblick auf die Entwicklungsgespräche mit den Eltern haben sich fundierte und reflektierte Beobachtungen und eine anschauliche und ansprechende Dokumentation als bester Ausgangspunkt für eine ressourcenorientierte und konstruktive Zusammenarbeit erwiesen.

Um Fortschritte aus Sicht des Kindes und die Eindrücke der Erzieherin zu erfassen, empfiehlt sich die Erstellung eines kombinierten, kindorientierten Portfolios auf der Grundlage von Bildungs- und Lerngeschichten nach dem neuseeländischen Konzept von Margaret Carr (Leu et al. 2007). Auf diese Weise stehen nicht (nur) die Ergebnisse, sondern die Bildungs- und Lernprozesse selbst im Vordergrund der Dokumentation. Damit wird das gemeinsame Forschen von Erwachsenen und Kindern deutlich – das Portfolio ist ein „Instrument des Dialogs" (Klein 2008). Entscheidend ist die dialogische Grundhaltung und Feinfühligkeit der Fachkraft während des gesamten Bildungsprozesses, der sich in folgende fünf Stufen untergliedern lässt (vgl. Remsperger 2008): Zunächst beobachtet die Fachkraft ein Kind und nimmt seine gegenwärtigen Lernprozesse wahr (*noticing*). Als nächstes erkennt sie den Lernschritt des Kindes (*recognizing*). Im dritten Schritt reagiert die Erzieherin prompt auf das Kind, tritt mit ihm in einen Dialog über die Lernsituation und hört ihm aufmerksam zu (*responding*). Daraufhin hält die Fachkraft die Lerngeschichte möglichst mit dem Kind gemeinsam und aus dessen Perspektive in erzählender Form fest (*recording*). Die Dokumentation der Lernsituation dient als Grundlage für weiterführende Gespräche und Diskussionen mit dem Kind, den Eltern oder dem pädagogischen Team (*revisiting*). Auf diese Weise fließen die Beobachtungserkenntnisse in weitere Bildungsprozesse mit ein.

Bildungs- und Lerngeschichten

Da Kinder in den ersten drei Lebensjahren sprachlich noch nicht oder wenig differenziert zum Ausdruck bringen können, was sie erforschen und gelernt haben, und welche Unterstützung und Anregungen sie brauchen, kommt es in besonderem Maße auf die genaue Beobachtung der nichtsprachlichen Äußerungen an. Hilfreich für die Erstellung von Bildungs- und Lerngeschichten aus der kindlichen Perspektive ist die Fokussierung auf die Lerndispositionen, d. h. auf das Repertoire an beobachtbaren

Genaue Beobachtung der nichtsprachlichen Äußerungen

Lernstrategien und die Motivation der Kinder, sich mit einer Sache intensiv und ausdauernd zu beschäftigen. Blickrichtung und Körperhaltung spiegeln die Aufmerksamkeit für die Sache oder den Interaktionspartner. Auch Mimik und Gestik sowie Tonfall geben Aufschluss darüber, welche Gefühle das Kind bewegen und ob es gerade in einer Tätigkeit versunken ist oder die Aufmerksamkeit des Interaktionspartners gewinnen möchte. Hier geht es darum, die Engagiertheit und das Wohlbefinden der Kinder zu beobachten. Darüber hinaus wird darauf geachtet, wie das Kind

- in der Lernsituation Schwierigkeiten bewältigt, seine Grenzen auslotet und mit eigenen Fehlern umgeht
- mit anderen kommuniziert und seine Gefühle, Wünsche und Interessen zum Ausdruck bringt
- sich an Lerngemeinschaften beteiligt und dort Verantwortung (für andere oder eine Sache) übernimmt.

Systematische Beobachtungsverfahren

In der nachfolgenden Tabelle sind systematische, stark strukturierte Beobachtungsverfahren zusammengestellt, die für Kinder in den ersten drei Lebensjahren geeignet sind. Die Grenzsteine der Entwicklung (Laewen 2009) und das Screeningverfahren EBD 3–48 (Petermann, Petermann & Koglin 2008) dienen der Beobachtung und Dokumentation von kindlichen Entwicklungsverläufen – vor allem im Sinne der Früherkennung von Entwicklungsgefährdungen. Kuno Bellers Entwicklungstabelle (Beller & Beller 2005) fokussiert dagegen eher auf die Kompetenzen und beobachtbaren Fertigkeiten von Kindern, um den Entwicklungsstand des einzelnen Kindes zu erfassen und Bildungsangebote und Lerngelegenheiten gezielt darauf abzustimmen. Bei diesen Instrumenten handelt es sich um keine diagnostischen Verfahren, sondern um so genannte Entwicklungsscreenings, die systematisch die verschiedenen Entwicklungsbereiche ins Auge fassen. Sie dienen zur Feststellung, ob die Kinder im Gruppenalltag altersgemäße Fähigkeiten zeigen. Bei regelmäßiger Durchführung veranschaulichen sie Entwicklungsfortschritte und den Kompetenzerwerb jedes Kindes.

Für alle Beobachtungsverfahren gilt, dass es für die Qualität, d.h. Aussagekraft und Zuverlässigkeit der Beobachtung und Dokumentation unerlässlich ist, dass sich die pädagogische Fachkraft im Vorfeld ausführlich mit dem jeweiligen Verfahren vertraut macht (möglichst in Fortbildungen oder Workshops) und gut vorbereitet (Viernickel & Völkel 2005).

Methoden	Grenzsteine der Entwicklung (Laewen)	Screeningverfahren EBD 3– 48 (Petermann, Petermann & Koglin)	Kuno Bellers Entwicklungstabelle (Beller & Beller)
Art der Beobachtung	Ergebnisorientiert, systematisch, vorgegebene Fragen	Ergebnisorientiert, systematisch, in vorgegebenen Situationen	Verhaltensorientiert, systematisch, aktive Beobachtung im Alltag
Ziele	Früherkennung von Entwicklungsbeeinträchtigungen	Erfassung des Entwicklungsstands, Früherkennung, Prävention von Entwicklungsverzögerungen	Erfassung kindlicher Kompetenzen (Entwicklungsprofil), Abbildung des individuellen Lernbereichs sowie des Entwicklungsstands; Anpassung pädagogischer Angebote an den kindlichen Entwicklungsstand
Orientierung	Kompetenzen und Entwicklungsabweichungen/Defizite	Defizite/Abweichungen kindlicher Entwicklung	Aktuelle Verteilung von Kompetenzen (Kompetenzprofil)
Bereiche	Sechs Entwicklungsdimensionen: • Spracherwerb • Körpermotorik • Handmotorik • Kognitive Entwicklung • Soziale Kompetenz • Emotionale Kompetenz	Sechs Entwicklungsbereiche: • Sprache • Haltungs- und Bewegungssteuerung • Fein- und Visuomotorik • Kognitive Entwicklung • Soziale Entwicklung • Emotionale Entwicklung	Acht Entwicklungsbereiche: • Selbstständigkeit in Körperpflege • Umwelterfassung • Sozial-emotionale Entwicklung • Spieltätigkeit • Sprachentwicklung • Kognition • Feinmotorik • Grobmotorik

Methoden	Grenzsteine der Entwicklung (Laewen)	Screeningverfahren EBD 3–48 (Petermann, Petermann & Koglin)	Kuno Bellers Entwicklungstabelle (Beller & Beller)
Altersspanne	3 bis 72 Monate	3 bis 48 Monate	12 bis ca. 72 Monate
Norm	Altersnorm („Grenzsteine" = Entwicklungsziele, die von 90 bis 95 % der Kinder bis zu einem bestimmten Alter erreicht worden sind)	Altersnorm („Meilensteinprinzip")	Altersnorm, („Individuelle Entwicklungsspanne")
Klassifikation	Auffällig/unauffällig	Unauffällig, grenzwertig, auffällig	Voll kompetent („tut es"), teilweise kompetent („tut es teilweise"), noch nicht kompetent („tut es nicht")
Vorteile	Ökonomisches Verfahren durch Tabellenform, Einschätzbögen sind leicht zugänglich (Internet)	Objektives Verfahren, hohe Vergleichbarkeit	Verfahren ist im Kita-Alltag anwendbar, differenzierter Blick auf das Kind und seine aktuellen Kompetenzen
Nachteile	Weicht ein Kind in einem Bereich von einem Grenzstein ab, gilt es als auffällig – Gefahr der Stigmatisierung	Verfahren erfordert zusätzlichen Aufwand; Gefahr der Wahrnehmungsverzerrung hinsichtlich der Defizite; Gefahr der Stigmatisierung entwicklungsverzögerter Kinder	Messung ist aufwendig und abhängig von (zufälligen) Alltagsbedingungen und der Motivation des Kindes zum Zeitpunkt der Beobachtung
Ziele der Dokumentation	Planung von „weiterbildenden" Lerngelegenheiten, Elterngespräche, Initiierung einer differenzierten Entwicklungsdiagnostik	Formulierung individueller Entwicklungs- und Bildungsziele, Elterngespräche, Initiierung einer differenzierten Entwicklungsdiagnostik	Verbindung von aktuellen Stärken und Schwächen in pädagogischen Angeboten

Entwicklungs-Screening als Aufgabe von Erzieherinnen

Aufgrund der grundsätzlich guten Voraussetzungen zur Früherkennung von möglichen Entwicklungsauffälligkeiten in Kindertagesstätten können pädagogische Fachkräfte mithilfe ihrer Beobachtungen und mit Hilfe von Screeningverfahren wichtige Hinweise sammeln, ob ein Kind durch einen Arzt, einen Psychologen oder Fachdienst näher untersucht und einer genaueren Diagnostik unterzogen werden soll. Screeningverfahren sollten nicht zu aufwendig, dabei möglichst genau und breit angelegt sein, d.h. verschiedene Verhaltens- und Entwicklungsbereiche sowie relevante Umweltfaktoren erfassen. Da das Screening dazu eingesetzt wird, um entwicklungsgefährdete Kinder zu erfassen, sollte es möglichst genau zwischen auffälligen und nicht gefährdeten Kindern unterscheiden (Mayr 2008).

Um diese Entscheidung treffsicher und mit möglichst geringem Aufwand zu entscheiden, wird ein Stufenmodell vorgeschlagen, das sowohl Stufen der Abklärung, der Reflexion als auch der Entscheidungsfindung enthält (Mayr 2008). Die erste Stufe dient der Grobeinschätzung, ob in einer Gruppe Kinder in ihrer Entwicklung gefährdet sein könnten und welche von ihnen genauer beobachtet werden sollten. Diese erste Einschätzung sollte von zwei Fachkräften unabhängig voneinander vorgenommen werden, um anschließend die Urteile zu vergleichen. Dieses Vorgehen verringert die Gefahr einer Fehleinschätzung. Auf der zweiten Stufe wird jedes Kind, bei dem ein „Risiko" vermutet wird, mit einem Entwicklungsscreening, wie z.B. den „Grenzsteinen der Entwicklung", genauer beobachtet. Auf dieser Grundlage beginnt ein umfassender Entscheidungsprozess, der die Bewertung und Reflexion der Beobachtungsergebnisse durch die pädagogische Fachkraft sowie im pädagogischen Team umfasst. Zeigen die Ergebnisse, dass Handlungsbedarf besteht, so ist zu entscheiden, ob im Einzelfall die pädagogischen Möglichkeiten in der Einrichtung ausreichend sind und welche zusätzlichen Maßnahmen die Eltern im häuslichen Umfeld treffen können. Darüber hinaus kann den Eltern nach Bedarf eine genauere diagnostische Abklärung, z.B. bei einer Frühförder- oder Erziehungsberatungsstelle, empfohlen oder vermittelt werden.

7. Unverzichtbare Qualitätsmerkmale der Kindertagesbetreuung in den ersten Lebensjahren

Internationale Längsschnittstudien (z. B. NICHD) zeigen, dass außerfamiliäre Betreuung nur dann positive Auswirkungen auf die kindliche Entwicklung hat, wenn sie eine hohe Qualität aufweist – dies gilt insbesondere für Kinder aus sozial benachteiligten bzw. bildungsfernen Familien.

Der heterogene Bereich der Kindertagesbetreuung in Deutschland, die Unterschiede zwischen Ost und West, die Kulturhoheit der Länder, die Zuständigkeit der Kommunen und die vielfältige freie Trägerlandschaft machen eine, an klaren Kriterien orientierte Qualitätsoffensive notwendig. Politik muss an dieser Stelle entscheiden, ob sie Verantwortung übernehmen will. Zu groß ist die Gefahr, dass die Verantwortung von einer Ebene auf die nächste – vom Bund auf die Länder, von den Ländern auf die Kommunen und von diesen möglicherweise auf die Freien Träger – verschoben wird (Fröhlich-Gildhoff 2007).

7.1 Qualität von Anfang an

In den ersten Lebensjahren werden die Weichen für die emotionale, kognitive, soziale und kulturelle Entwicklung für das weitere Leben gestellt: Ein hoher Qualitätsstandard in Kindertageseinrichtungen kann dazu beitragen, soziale Benachteiligungen zu überwinden, Begabungen zu fördern sowie soziale und demokratische Verhaltensweisen einzuüben. Außerfamiliäre Betreuung stellt jedoch immer nur eine Ergänzung zur Erziehung, Bildung und Betreuung durch die Eltern dar. Daher ist die Stärkung elterlicher Kompetenzen und der Aufbau einer tragfähigen Bildungs- und Erziehungspartnerschaft zwischen Eltern, Tageseltern und pädagogischen Fachkräften Grundvoraussetzung für die Qualität der pädagogischen Arbeit.

Tragfähige Bildungs- und Erziehungspartnerschaft

Qualitäts-Aspekte in der Kindertagesbetreuung

Es gibt in Deutschland (noch) keine einheitlich verbindlichen Standards, die die Qualität frühkindlicher Bildung, Erziehung und Betreuung in öffentlicher Verantwortung bestimmen. Dennoch lassen sich aufgrund nationaler und internationaler Forschungsergebnisse auf unterschiedlichen Ebenen Qualitätsanforderungen beschreiben, die handlungsleitend für die Gestaltung der Arbeit in der Kindertagesbetreuung und deren Finanzierung sein sollten (Strehmel 2008). Neben dem „Nationalen Kriterienkatalog" (Tietze & Viernickel 2003; Tietze et al. 2004) können die unterschiedlichen Aspekte von Qualität in Kindertageseinrichtungen anhand der Krippenskala KRIPS-R (Tietze et al. 2006), einem objektiven und empirisch fundierten Beobachtungsinstrument, erfasst und zur Qualitätssicherung herangezogen werden. Es werden die Qualitätsdimensionen Struktur-, Orientierungs-, Prozess- und Organisationsqualität unterschieden (vgl. Schaubild in Anlehnung an BMFSFJ 2005, S. 649).

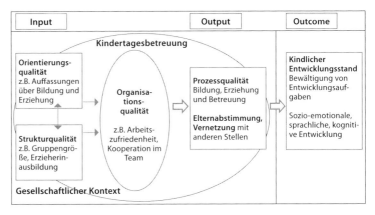

Mit **Strukturqualität** werden die strukturellen Rahmenbedingungen beschrieben: Größe der Gruppen, Personalschlüssel, Qualifizierung der Fachkräfte für diese Altersgruppe sowie räumliche und materielle Ausstattung. Die Strukturqualität kann politisch reguliert werden. Sie wird in der Umsetzung weitgehend von den Trägern der Einrichtungen bzw. den städtischen oder kommunalen Finanzen bestimmt (vgl. Kap. 8). Die **Orientierungsqualität** gibt Auskunft über pädagogische Einstellungen und Ausrichtungen von Kindertageseinrichtungen. Hier geht es z.B. darum, ob sich die Einrichtung an der Entwicklung des Kindes und seiner Bildungsprozesse orientiert. Ob diese Konzepte dann aber auch tatsächlich in die Praxis umgesetzt werden, macht die **Prozessqualität** der Einrichtung aus. Diese bestimmt, wie Kinder und Eltern „ihre" Einrichtung tagtäglich erleben. Sie sollte die richtige Mischung zwischen anregenden Impulsen von außen und der Unterstützung der eigenen Ideen eines Kindes bieten. Gerade bei den jüngsten Kindern stellen die Abstimmung mit den Eltern und die Qualität der Erziehungs- und Bildungspartnerschaft einen wesentlichen Bestandteil der

Prozessqualität dar. Die Prozessqualität wird auch durch die **Organisationsqualität** bestimmt. Wenn die Abstimmung im Team und die Aufteilung der Aufgaben, die gemeinsame Planung von Fortbildungen usw. gut funktionieren, trägt das auch zu einer besseren pädagogischen Arbeit und Bildungsförderung der Kinder bei (vgl. Kap 8).

Ebene der Orientierungsqualität
Kindertageseinrichtungen brauchen ein Leitbild, bei dem das Kind und seine Entwicklungs- und Bindungsbedürfnisse im Ausgangs- wie Mittelpunkt stehen. Sie müssen über eine Konzeption verfügen, die den Bildungsauftrag der Einrichtung konkretisiert und auf die Aspekte der Arbeit mit dem Kind, der Erziehungspartnerschaft mit den Eltern und der Vernetzung und Einbindung der Institution in den Sozialraum eingeht.

Ebene der Strukturqualität
Der Erzieherin-Kind-Schlüssel und die Gruppengröße sind zentrale Anforderungen zur Sicherung einer qualitativ hochwertigen pädagogischen Arbeit. Nachfolgend sind die Empfehlungen der Europäischen Union nach verschiedenen Altersgruppen dargestellt (Europäische Kommission 2001).

	Bis 1 Jahr	Unter 2-Jährige	2-Jährige	2 ½-Jährige	Ab 3 bis 6 Jahre
Erzieherin-Kind-Schlüssel	1:2 bis 1:3	1:3 bis 1:4	1:4 bis 1:5	1:5 bis 1:6	1:8 bis 1:10
Gruppengröße	4 – 6 Kinder	6 – 8 Kinder	8 – 10 Kinder	10 – 12 Kinder	16 – 20 Kinder

Maßgebliche Faktoren bei der Festlegung des Erzieherinnen-Kind-Schlüssels sind die Gruppengröße, die Gruppenstruktur (d.h. Zusammensetzung nach Altersstufen, Breite der Altersmischung, Anteil von Kindern mit besonderem Förderbedarf), die (erweiterten) Öffnungszeiten der Einrichtung sowie spezielle Bedarfslagen einzelner Kinder oder Gruppen (Ostermayer 2007, S. 130).

Um den individuellen Bedürfnissen von Kindern gerecht zu werden und die Bildungschancen aller zu gewährleisten, sollten bei der Planung der Gruppengröße, Gruppenzusammensetzung sowie der personellen Ausstattung Kinder unter einem Jahr, Kinder mit (drohender) Behinderung und Kinder mit Migrationshintergrund in besonderem Maße berücksichtigt werden.

Gestiegene Erfordernisse des komplexer gewordenen Feldes und der Anschluss an europäische Standards erfordern eine verstärkte Qualifizierung der pädagogischen Fachkräfte auf akademischem Niveau (BA-Abschluss) und die Bildung multiprofessioneller Teams. Die Ausbildung an den Fachakademien ist in hohem Maße durchlässig zu gestalten und ein qualitativ hochwertiges Angebot von Fort- und Weiterbildungen vorzuhalten. In der Qualifizierung des pädagogischen Personals liegt ein wesentlicher Schlüssel für das Qualitätsniveau einer Einrichtung. Für Kindergärten konnte gezeigt werden (Tietze et al. 1998), dass der Gestaltungsspielraum, den Fachkräfte für ihre Arbeit nutzen, bei vergleichbaren Rahmenbedingungen zu unterschiedlicher Prozessqualität führen kann.

Den pädagogischen Fachkräften in Kindertageseinrichtungen sollte – analog zu Grundschullehrerinnen und angesichts steigender Anforderungen (z. B. im Bereich der Beobachtung und Dokumentation) – ein Drittel der Arbeitszeit für Vorbereitung und Reflexion zur Verfügung stehen. Dies sollte eine Zielsetzung in der Diskussion der Tarifparteien sein, wenn Kindertageseinrichtungen auch künftig die Funktion von Bildungsinstitutionen erfüllen sollen (vgl. Fröhlich-Gildhoff 2007).

Ebene der Organisationsqualität

Die Zufriedenheit der pädagogischen Fachkräfte mit der Organisation der Arbeit in der Kindertageseinrichtung ist entscheidend für die Qualität der Bildungsarbeit mit dem Kind. Eine gemeinsame Aufteilung der Aufgaben, die weder zu Über- noch zu Unterforderung führt, gut abgestimmte Arbeitsprozesse und gemeinsame Weiterentwicklung der Qualität der pädagogischen Arbeit, eine kompetente und engagierte Leitung der Einrichtung, gute Zusammenarbeit mit Fachkräften auch aus anderen

Berufsfeldern und die Vernetzung der Einrichtung mit anderen Institutionen, Nutzung von Fortbildungsmaßnahmen sowie nach Bedarf auch die Möglichkeit zu Supervision sind hier die entscheidenden Kriterien.

Ebene der Prozessqualität

Prozessqualität bezieht sich auf die Interaktionen und Erfahrungen, die Kinder und ihre Eltern in der sozialen und räumlich-materiellen Umwelt einer Kindertageseinrichtung machen. In ihr spiegeln sich die dynamischen Aspekte des alltäglichen Miteinanders (vgl. Tietze & Viernickel 2003).

Kontinuität, Sicherheit und Wohlbefinden sind entscheidend für das Lernen kleiner Kinder. Die Beziehungsqualität drückt sich in der Art der Interaktion und Kommunikation mit dem Kind aus. Fachkräfte in Kindertageseinrichtungen brauchen die Bereitschaft und die Gelegenheit zur Reflexion des eigenen Handelns auf der Grundlage einer systematischen Dokumentation der eigenen Arbeit. Fachkräfte in Kindertageseinrichtungen müssen systematische Erziehungs- und Bildungspartnerschaften mit den Eltern aufbauen und kontinuierlich gestalten. Die Arbeit in den Einrichtungen muss vom Prozess einer systematischen Qualitätsentwicklung getragen sein.

Ebene der Kontextqualität

Die Arbeit in Kindertageseinrichtungen muss in einem Kontext stattfinden, der durch Verbindlichkeit und langfristige Planungssicherheit gekennzeichnet ist. Hierzu zählen insbesondere verbindliche, wissenschaftlich fundierte Bildungspläne auf einer überregionalen Ebene und eine ausreichende, auch langfristig gesicherte Finanzierung der Arbeit auf der Grundlage der dargelegten Qualitätsstandards. Gerade in Zeiten sinkender Kinderzahlen ist es bedeutsam, dass die Attraktivität von Kindertageseinrichtungen auch für Kinder in den ersten drei Lebensjahren durch die Qualität pädagogischer Arbeit gesichert wird. Eine herausragende Rolle spielen dabei die Prozessqualität und die Führungsqualität durch die Einrichtungsleitung.

7.2 Studie zur Bildungsqualität in Krippen – eine Untersuchung

Im Rahmen einer Querschnitts-Studie ist das Staatsinstitut für Frühpädagogik (IFP) in 36 Kinderkrippen in München der Frage nachgegangen, inwiefern sich zusätzliche Investitionen in strukturelle Rahmenbedingungen auf die Qualität der pädagogischen Arbeit auswirken. Die Befragung wurde von Mai bis September 2007 durchgeführt. Teilgenommen haben 20 Einrichtungen u. a. privater und gewerblicher Träger. Zudem beteiligten sich 16 Kinderkrippen in städtischer Trägerschaft bzw. Betriebsträgerschaft der Stadt München (Wertfein & Spies-Kofler 2008).

Querschnittsstudie in 36 Kinderkrippen

Bringen zusätzliche Investitionen mehr pädagogische Qualität?
Die Einrichtungen unterschieden sich zwar insgesamt unwesentlich im Anstellungsschlüssel. Die städtischen Einrichtungen erhielten jedoch eine deutlich höhere Entlastung und Unterstützung durch zusätzliches Personal, d. h. durch Rollierkräfte in der Einrichtung, externe Fachdienste sowie Fachberatung, durch die Kooperation mit einer Kinderpsychologin und Kinderärztin als auch durch hauswirtschaftliche Fachkräfte für die Bereiche Hygiene und Ernährung. Aus Sicht der Erzieherinnen zeigte sich ein deutlicher Zusammenhang zwischen der Personalausstattung und der individuellen pädagogischen Zuwendung zum Kind sowie der Kooperation mit den Eltern. Außerdem geht aus den Antworten der Erzieherinnen hervor, dass die Qualität der Eingewöhnung darunter leidet, wenn nicht ausreichend Personal zur Verfügung steht. Bei der subjektiven Einschätzung der Rahmenbedingungen zeigten sich die Erzieherinnen im Vergleich zu den Leiterinnen sowie den Kinderpflegerinnen in drei Punkten deutlich unzufriedener: Sie kritisierten das Fehlen einer festen Ansprechpartnerin für die Eltern im pädagogischen Team, den unzureichenden Dialog mit den Eltern sowie die Öffnungszeiten.

Personalausstattung und Qualität der Eingewöhnung

Durchweg schlechte Noten erhielt die Länge der Vorbereitungszeit. Dabei lag die durchschnittliche Verfügungszeit – auf eine wöchentliche Arbeitszeit von 38,5 Stunden umgerechnet –

bei lediglich zwei Stunden pro Woche und damit deutlich unter der aus Sicht der Erzieherinnen erforderlichen Verfügungszeit von sieben Stunden. Dieser geringe Umfang lässt sich auch dadurch erklären, dass sich viele Erzieherinnen ihre Verfügungszeit mit den Kinderpflegerinnen im Team teilen (müssen). Diese Situation schlägt sich auf die Arbeitszufriedenheit der pädagogischen Fachkräfte nieder: Je negativer sie die Personalausstattung in ihrer Einrichtung einschätzten, desto weniger pädagogische Zuwendung konnten sie aus ihrer Sicht dem einzelnen Kind geben, was zulasten der pädagogischen Qualität ihrer Arbeit ging. Auch die pädagogischen Ergänzungskräfte waren umso zufriedener mit ihrer Arbeit, je mehr sie sich dem einzelnen Kind und den Eltern zuwenden konnten.

Verfügungszeit

Als entscheidend für das Gelingen der pädagogischen Arbeit erwiesen sich aus Sicht der pädagogischen Mitarbeiterinnen und Mitarbeiter die konkreten Rahmen- und Arbeitsbedingungen, das Arbeitsklima und die Zusammenarbeit im Team. Die pädagogischen Fachkräfte betonten die Beobachtung und Dokumentation kindlicher Bildungsprozesse sowie den Einbezug der Familie als wesentliche Voraussetzungen pädagogischen Handelns. Besonders eingefordert wurden eine angemessene Vor- und Nachbereitungszeit für Bildungsangebote, für Beobachtung und Dokumentation, für Elterngespräche sowie eine angemessene und flexible Personalausstattung – insbesondere zur Entlastung während der Eingewöhnungsphase sowie im Falle von kurzfristigen Personalausfällen. Darüber hinaus wünschten sich sowohl die befragten Erzieherinnen als auch die Kinderpflegerinnen mehr Angebote zur Fort- und Weiterbildung und erhofften sich künftig mehr (auch finanzielle) Anerkennung für ihre anspruchsvolle pädagogische Tätigkeit.

Im Trägervergleich zeigte sich, dass in den zusätzlich bezuschussten Einrichtungen insgesamt mehr gezielte Bildungsangebote in Form von Projekten durchgeführt werden (konnten) als in den Einrichtungen der anderen Träger. Die Häufigkeit hing dabei deutlich von der jeweiligen Verfügungszeit ab. Hierin wird deutlich: Bildung braucht Zeit. Eine zu geringe Verfügungszeit, zu knappes Personal

Bildung braucht Zeit

und die damit verbundene Überforderung und Demotivierung der pädagogischen Mitarbeiterinnen stellen wesentliche Hindernisse für eine adäquate Um- und Übersetzung der Bildungsziele dar.

Wie zufrieden sind die Eltern?

Insgesamt waren die befragten Eltern mit der pädagogischen Arbeit und den Rahmenbedingungen in den Einrichtungen zufrieden. Die Bewertungen der Eltern lagen bei den vergebenen Schulnoten zwischen 1 (= sehr gut) und 2 (= gut). Diese Einschätzung zeigte sich auch darin, dass der Großteil der Eltern auch ein Geschwisterkind bei freier Wahlmöglichkeit in derselben Einrichtung anmelden würde. Als häufigste Gründe gaben die Eltern an, dass sie mit dem Team, der pädagogischen Arbeit und der Atmosphäre in der Einrichtung zufrieden seien und ihr Kind in guten Händen wüssten.

Die Eltern legten besonderen Wert auf eine gute pädagogische Arbeit. Viele äußerten den Wunsch nach flexibleren und längeren Öffnungszeiten – jedoch nicht zulasten einer liebevollen, verlässlichen Betreuung. Ein oftmaliger Wechsel der Leitung sowie häufige Abwesenheiten der Bezugserzieherin – insbesondere während der Eingewöhnungszeit – wurden von den Eltern als große Belastung wahrgenommen.

7.3 Worauf kommt es an? – Eckpunkte zur Qualitätssicherung in der Praxis

Die Studie zeigt auf, dass zusätzliche Investitionen des Trägers tatsächlich zur Qualität frühkindlicher Bildung, Erziehung und Betreuung beitragen. Personelle und zeitliche Ressourcen erweisen sich als entscheidende Faktoren im Hinblick auf die Qualität frühkindlicher Tagesbetreuung im Sinne der Trias „Bildung, Erziehung und Betreuung". Die Rahmenbedingungen frühkindlicher Betreuungsangebote müssen auf die besonderen Bedürfnisse der Kinder in den ersten drei Lebensjahren und deren Eltern angepasst werden. Außerdem wird deutlich, dass sich die pädagogische Arbeit in Kinderkrippen durch hohe fachliche Anforderungen sowie einen erhöhten Personal- und Zeitbedarf auszeichnet. Sichere Arbeitsbedingungen (statt Fluktuation) und die Entlastung (statt Überforderung) des pädagogischen Personals sind wesentliche Voraussetzungen für verlässliche Beziehungen zwischen pädagogischen Fachkräften, Kindern und Eltern.

Personelle und zeitliche Ressourcen

Die strukturellen Rahmenbedingungen
Kinderkrippen unterscheiden sich von anderen Kindertageseinrichtungen u. a. durch einen insgesamt höheren Zeitbedarf für
- die beziehungsrelevanten Alltagsroutinen (Wickeln, Essen, Schlafen)
- die individuelle und einfühlsame Eingewöhnung jedes Kindes und die Gestaltung täglicher Übergangssituationen beim Bringen und Abholen
- die Gestaltung einer möglichst intensiven und tragfähigen Bildungs- und Erziehungspartnerschaft mit den Eltern, z. B. durch regelmäßige Eltern- bzw. Entwicklungsgespräche
- aufwendige Beobachtung und Entwicklungsdokumentation als wesentlicher Bestandteil und Voraussetzung einer kindgerechten Bildungsbegleitung
- spezifische Fort- und Weiterbildungen hinsichtlich der Bildung, Erziehung und Betreuung in den ersten drei Lebensjahren.

Entscheidend für die Umsetzung dieser zusätzlichen und teilweise zeitintensiven Aufgaben sind – neben einer angemessenen Personalausstattung und der Bereitstellung unterstützender Netzwerke mit externen Fachdiensten – die Verfügungszeiten des pädagogischen Personals. Es besteht ein dringender Bedarf nach einer klaren Regelung der Verfügungszeiten für die Vor- und Nachbereitung pädagogischer und organisatorischer Aufgaben.

Die Kooperation mit den Eltern
In der Zusammenarbeit von Eltern und Kindertageseinrichtung sind Mütter und Väter als „Expertinnen und Experten" ihrer Kinder zu sehen. Wesentliche Bestandteile der Zusammenar-

beit zwischen Eltern und Einrichtung sind der kontinuierliche Informationsaustausch über das Kind, über die Lebenslage der Familie, bestehende Probleme und Belastungen in der Familie sowie die jeweiligen Erziehungsziele und Erwartungen. Das Einrichtungsteam macht seine pädagogische Arbeit für die Eltern transparent, indem es sie über die pädagogische Konzeption der Einrichtung, die Tagesstruktur sowie die Mitgestaltungs-, Mitsprache- und Mitwirkungsmöglichkeiten (z. B. Elternbeirat) informiert und zur Beteiligung anregt. Auf dieser Basis kann es gelingen, eine tragfähige und vertrauensvolle Erziehungs- und Bildungspartnerschaft mit den Müttern und Vätern aufzubauen und sich auf gemeinsame interaktive Lernerfahrungen einzulassen. So kann das pädagogische Team einerseits die Kompetenzen, das Wissen und die Fähigkeiten der Eltern in die Gestaltung von Bildungsangeboten einbeziehen und den persönlichen Erfahrungshorizont erweitern. Andererseits kann der Blick der pädagogischen Fachkraft das Bild der Eltern von ihrem Kind ergänzen (vgl. Landeshauptstadt München 2006).

Kontinuierlicher Informationsaustausch

Schafft das pädagogische Konzept einer Einrichtung den pädagogischen Rahmen, so bestimmen die finanziellen, personellen, räumlichen und zeitlichen Rahmenbedingungen letztlich darüber, welche „potenzielle Erfahrungswelt" den Kindern innerhalb der Kindertageseinrichtung zur Verfügung steht. Um Kinder und ihre Familien möglichst umfassend und frühzeitig in ihrer Entwicklung zu fördern, sollten die Rahmenbedingungen so gestaltet werden, dass insbesondere die Übergänge von der Familie in die Kindertageseinrichtung vom pädagogischen Personal möglichst einfühlsam und ohne Zeitdruck gestaltet werden können.

Die Arbeitsbedingungen der pädagogischen Fachkräfte

Eine verlässliche Erzieherin-Kind-Beziehung braucht sichere Arbeitsbedingungen. Insbesondere in den ersten Lebensjahren kommt der Beziehungsqualität eine sehr große Bedeutung zu. Daher sollte eine Beziehungskontinuität zwischen Bezugserzieherin und Kind über einen längeren Zeitraum gesichert sein, um den Kindern häufige, belastende Wechsel zu ersparen (vgl. auch

Haug-Schnabel & Bensel 2006). Hohe Fluktuationsraten durch befristete Arbeitsverhältnisse und unsichere Rahmenbedingungen vermehren die Belastungen der pädagogischen Fachkräfte und erschweren es ihnen, für die anvertrauten Kinder verlässliche und feinfühlige Bezugspersonen zu werden (vgl. Textor 2007). Häufige Personalwechsel gehen auch zulasten der ko-konstruktiven Zusammenarbeit im Team. Pädagogische Qualität kann nur verwirklicht werden, wenn die Kindertageseinrichtung bzw. das pädagogische Team sich selbst als ein sich entwickelndes oder lernendes System versteht. Wesentliche Bestandteile der Teamentwicklung sind regelmäßiger Austausch, vertrauensvolle Reflexion, verlässliche Abstimmung sowie eine fortlaufende Fort- und Weiterbildung.

Beziehungsqualität und -kontinuität

Buchungszeitenabhängige Arbeitszeiten und frei wählbare Buchungszeiten (auch stundenweise) unterstützen zwar einerseits die Flexibilität der Eltern, sollten aber auch unter dem Gesichtspunkt der Entwicklung einer verlässlichen Beziehung zwischen Erzieherin und Kind und der Entwicklung eines Zugehörigkeitsgefühls jeden Kindes zu „seiner" Bezugsgruppe betrachtet werden. Andernfalls besteht die Gefahr, dass die Zeit in der Kindertageseinrichtung zu einer bloßen „Bewahrzeit" wird, da Bildungsangebote nur in einem gewissen sozialen und zeitlichen Mindestrahmen umsetzbar sind. Hierin wird erneut deutlich, wie sehr die äußeren Rahmenbedingungen letztlich den Möglichkeitsraum für qualitativ hochwertige Bildung, Erziehung und Betreuung bestimmen. Oder mit den Worten einer Kinderkrippenleitung gesprochen: „Unsere Arbeitsbedingungen sind ein Teil der Lebensbedingungen für die uns anvertrauten Kinder! Hier wäre jeder Euro gut angelegt."

8. So gelingt frühe Bildung – Erziehung – Betreuung in den ersten Lebensjahren

8.1 Verantwortung der Fachkräfte

Schlüsselkompetenzen der pädagogischen Fachkräfte
Die Anforderungen an die pädagogischen Fachkräfte in Kindertageseinrichtungen haben sich im Zuge der Einführung der Bildungspläne deutlich verändert. Der Ausbau von Betreuungsplätzen für Kinder unter drei Jahren bringt weitere Herausforderungen mit sich. Folgende Schlüsselkompetenzen pädagogischer Fachkräfte sind für die praktische Arbeit mit Kindern in den ersten drei Lebensjahren zentral:

- Die Erzieherin als verlässliche Bezugsperson – Entwicklung eines professionellen Rollenverständnisses und Aufbau von Beziehungen in einer positiven Gruppenatmosphäre
- Die Erzieherin als professionelle Bildungsbegleiterin und Moderatorin von Bildungsprozessen – fundierte entwicklungspsychologische Kenntnisse, Wahrnehmen und Verstehen frühkindlicher Ausdrucksformen, ko-konstruktive und fragend-forschende Grundhaltung
- Die Erzieherin als Organisatorin und Arrangeurin von Lernumgebung und Zeitstruktur – Fähigkeit zum Dialog mit dem Kind und der Gruppe
- Die Erzieherin als kompetente Beobachterin – Kenntnis verschiedener Beobachtungsansätze, Fähigkeit zur Selbstreflexion, Empathiefähigkeit
- Die Erzieherin als kindzentrierte Erziehungs- und Bildungspartnerin der Eltern und Managerin von pädagogisch wirksamen Netzwerken – Kommunikationskompetenz und Bereitschaft zum partnerschaftlichen Austausch auf der Basis wechselseitiger Anerkennung (mit dem pädagogischen Team, den Kindern und den Eltern) sowie die fachliche Abgrenzung bei schwerwiegenden Erziehungsproblemen mit entsprechender Vermittlung von Fachdiensten
- Die Erzieherin als Expertin bei der Gestaltung von Übergängen (vgl. Ebert 2008, S. 187).

Viele Erzieherinnen verfügen bereits über umfassende Schlüsselkompetenzen und zeigen großes persönliches Engagement für die pädagogische Arbeit mit Kindern unter drei Jahren und die lebendige Zusammenarbeit mit den Eltern. Doch haben sie kaum eine Chance, ihre Kompetenzen umzusetzen, wenn ihnen nicht die notwendigen Ressourcen bereitgestellt werden und sie z. B. stattdessen in der ohnehin geringen Verfügungszeit zusätzlich mit administrativen und hauswirtschaftlichen Aufgaben belastet werden. Eine weitere Belastung stellt die geringe gesellschaftliche Anerkennung der anspruchsvollen Tätigkeit einer Erzieherin dar, die sich auch in einer zu geringen finanziellen Entlohnung niederschlägt und die Arbeitszufriedenheit der pädagogischen Fachkräfte beeinträchtigt (vgl. dazu Wertfein & Spies-Kofler 2008).

Beziehungskontinuität in der Einrichtung

Bezugspersonensystem

Die emotionale vertrauensvolle Beziehung zwischen dem Kind und seiner Bezugserzieherin ist die Voraussetzung für das Wohlbefinden, die gesunde Entwicklung und damit auch für die Bildungsprozesse von jungen Kindern. In der Umsetzung setzt dieser Qualitätsanspruch ein Team voraus, das bei ausreichender Qualifikation groß genug ist, um zu garantieren, dass für die Jüngsten immer eine vertraute Person anwesend ist. Teilzeitanstellungen können sich diesbezüglich als problematisch erweisen. Darüber hinaus muss überlegt werden, wie die Mitarbeiterfluktuation möglichst gering gehalten werden kann, sodass ein Bezugspersonensystem über lange Jahre aufrechterhalten werden kann. Die Arbeitszufriedenheit des pädagogischen Personals ist eine zentrale Einflussgröße, die einerseits von den Rahmenbedingungen (Arbeitsbedingungen) abhängt und in alle Qualitätsmerkmale (z. B. die Beziehungsqualität), das pädagogische Handeln und die Gesamtatmosphäre einer Einrichtung hineinwirkt.

Kontinuitätsplanung

Kinder brauchen einander und erleben auch die anderen Kinder als feste Orientierungspunkte im Einrichtungsalltag. Daher ist darauf zu achten, dass Betreuung zu verschiedenen Tageszeiten nicht in völlig neu zusammengesetzten und wochenweise wechselnden Gruppen stattfindet. Die Zuordnung der Kinder zu Gruppen, Räumen und Personen kann nicht willkürlich verändert werden. Wenn Gruppenwechsel anstehen, sollten Kinder diesen Übergang nicht einzeln, sondern als Kleingruppe erleben und darauf vorbereitet werden. In diese Kontinuitätsplanung werden auch die Eltern eingebunden.

Entwicklungsspezifische Bedürfnisse und Interessen

Zwischen den Bedürfnissen von Säuglingen und Dreijährigen liegen große Unterschiede – selbst zwischen gleichaltrigen Kindern sind erhebliche Differenzen im Entwicklungsverlauf zu beobachten (Largo 2005). Die pädagogische Arbeit orientiert sich weniger an Altersgruppen, sondern an den individuellen Eigenschaften, Bedürfnissen, Interessen und Entwicklungsfortschritten. Je größer die Altersstreuung im Rahmen einer Gruppe, desto schwieriger ist es, dieser Herausforderung gerecht zu werden. Kinder brauchen genügend altersgleiche und altersunterschiedliche sowie gleichgeschlechtliche und andersgeschlechtliche Spielpartner und Spielpartnerinnen.

Um den altersspezifischen Bedürfnissen der Kinder gerecht zu werden, braucht es auch viel Raum sowie Möglichkeiten zur differenzierten Raumgestaltung und vielfältige Materialausstattung. Dazu gehören altersspezifische Zonen wie ein geschützter Raum für Säuglinge, Renn- und Fahrstrecken für Toddler und Kleinkinder sowie Klettermöglichkeiten mit unterschiedlichen Anforderungen. Auch die Einteilung in Funktions- oder Aktionsräume für spezifische Themen und Tätigkeiten bietet alters- und interessenpezifische Betätigungsmöglichkeiten.

Aufgaben und Verantwortung der Einrichtungsleitung

Jede Kindertageseinrichtung braucht eine von Gruppenaufgaben freigestellte, kompetente Leitung, die als Führungskraft die Verantwortung für das Gesamtmanagement der Einrichtung, die Verwaltung und die Teamführung trägt. Leitungskräfte haben vielfältige Aufgaben, die fachliche und soziale Kompetenz sowie ein selbstbewusstes Auftreten und Konfliktkompetenz erfordern, um auch Konflikten und Widerständen begegnen zu können (Colberg–Schrader 2000). Eine Leitungskraft weiß,

- die Mitarbeiterinnen in ihren Talenten und fachlichen Entwicklungen wahrzunehmen und zu begleiten
- die Qualität der pädagogischen Arbeit fortlaufend zu erfassen und zu optimieren und
- Ziele und Schwerpunkte der pädagogischen Arbeit mit dem Team zu erarbeiten und die Konzeption der Einrichtung stetig weiterzuentwickeln.

Zu den Kernaufgaben der Einrichtungsleitung zählen darüber hinaus die aktive Vernetzung der Einrichtung mit anderen Kindertageseinrichtungen sowie der Tagespflege, die kontinuierliche und vertrauensvolle Zusammenarbeit mit externen Fachdiensten (Kinderärzten, Kinderpsychologen, Frühförder- und Erziehungsberatungsstellen), den Fachberatungen sowie kommunalen Institutionen, wie etwa den Jugend- und Gesundheitsämtern.

8.2 Verantwortung von Familien und sozialem Umfeld

Erziehungs- und Bildungspartnerschaft mit den Eltern

Zur partnerschaftlichen Zusammenarbeit von Eltern und pädagogischen Fachkräften können folgende Schritte beitragen:
- Hohe Transparenz der pädagogischen Arbeit (z. B. durch die Möglichkeit der Eltern zur Hospitation, Elternbriefe, Aushänge, Konzeptionseinsicht).
- Lebendiger und regelmäßiger Informationsfluss und Austausch zwischen Eltern und pädagogischem Team.
- Mit den Eltern im Dialog bleiben durch regelmäßige Elterngespräche (dazu gehören sowohl kurze Absprachen „zwischen Tür und Angel" als auch längere Entwicklungsgespräche in regelmäßigen und bedarfsgerechten Zeitabständen).
- Eine feste, vertraute Ansprechpartnerin (Bezugserzieherin) im Team für alle Eltern.
- Begleitung und Beratung der Eltern, z. B. in Erziehungsfragen, Vermittlung von Fachdiensten bei Kindern mit besonderen Bedürfnissen.
- Gemeinsame Planung und Gestaltung von Übergängen (z. B. Eingewöhnung).

Netzwerke für Familien

Die Familie ist in den ersten Lebensjahren der wichtigste Bildungsort und legt entscheidende und überdauernde Grundlagen für die Entwicklung der Kinder. Daher tragen Eltern – auch juristisch gesehen – die Hauptverantwortung für die Bildung, Erziehung und Betreuung sowie das Wohl ihres Kindes (Art. 6 Abs.

2 GG). Benötigen Eltern bei ihrem Erziehungs- und Bildungsauftrag Unterstützung, ist dies eine Herausforderung, die die Möglichkeiten von Kindertageseinrichtungen allein überschreitet. Zukunftsweisend sind hier Modelle eines familienfreundlichen Angebots durch den Ausbau wohnortnaher Bildungslandschaften, z. B. im Rahmen von Eltern-Kind-Zentren. Dies kann jedoch nur gelingen, indem sich neben den Kindertageseinrichtungen und der Tagespflege Institutionen der Familienbildung, Frühförder- und Erziehungsberatungsstellen, Schulen, offene Jugendarbeit, Schulsozialarbeit und andere lokale Partner beteiligen und miteinander vernetzen. Wichtige Zielkriterien für die erfolgreiche und zielgruppenorientierte Gestaltung von Familienzentren sind:

Eltern-Kind-Zentren

- Wohnortnähe, um einen möglichst niedrigschwelligen Zugang zur Einrichtung zu gewährleisten.
- Frühzeitige Einbindung der Eltern in die Bildungs- und Entwicklungsprozesse ihrer Kinder – insbesondere für mehrfach belastete Familien.
- Persönliche, wertschätzende Ansprache und Ermutigung der Eltern, indem Angebote an ihre aktuelle Alltags- und Familiensituation anknüpfen.

Der Ausbau der Betreuungsplätze für Kinder unter drei Jahren sollte daher auf der Grundlage einer quartiersgebundenen Sozialplanung erfolgen. Diese berücksichtigt die Bedarfe der Kommune bzw. des Stadtviertels und der unmittelbar zusammenwirkenden Bildungsorte und beteiligt die verschiedenen Akteure.

8.3 Verantwortung von Trägern, Ausbildung und Politik

Aufgaben und Verantwortung der Träger

Die Träger haben durch die Gestaltung der Rahmenbedingungen maßgeblichen Einfluss auf die pädagogische Qualität in den Kindertageseinrichtungen und damit auf die Entwicklung und Bildungschancen von Kindern. Darüber hinaus haben sie als Arbeitgeber die Verantwortung für angemessene Arbeitsbedingungen.

In enger Zusammenarbeit und im Austausch mit der Einrichtungsleitung und dem pädagogischen Team gilt es, jeweils geeignete Rahmen- und Arbeitsbedingungen für die pädagogische Arbeit sicherzustellen und dabei die spezifischen Bedürfnisse von Kindern in den ersten Lebensjahren zu berücksichtigen. Dies betrifft insbesondere die personelle, zeitliche und räumlich-materielle Ausstattung – mit dem Ziel, fürsorgliche und fachlich fundierte Betreuung, Bildung und Erziehung für alle Kinder in der Einrichtung zu gewährleisten. Hierzu gehören in besonderem Maße:
- deutlich mehr Verfügungszeit für alle pädagogischen Fachkräfte
- pädagogische Ersatzkräfte in der Einrichtung, die den Kindern vertraut sind und auch kurzfristig für Urlaubs- und Krankheitsvertretung eingesetzt werden können
- die Entlastung der pädagogischen Fachkräfte durch hauswirtschaftliches Personal für die Bereiche Ernährung und Hygiene.

Darüber hinaus sind die Träger der Einrichtungen u. a. verantwortlich für die Organisation von Bildungsmaßnahmen (Bildungscontrolling), die Entwicklung und Sicherung von Qualitätsstandards für die Bildung, Erziehung und Betreuung von Kindern, das Personalmanagement, die Konzeption/Konzeptionsentwicklung, die gemeinwesenorientierte Vernetzung und Kooperation sowie dienstleistungs- und bedarfsorientierte Organisationsentwicklung (Fthenakis et al. 2003; Reichert-Garschhammer 2003). Voraussetzung für eine gute Kooperation sind eine klar geregelte Aufgabenverteilung und ein regelmäßiger Austausch von Sachinformationen und Fachwissen zwischen Träger, Einrichtungsleitung und pädagogischem Team.

Folgerungen für die Aus-, Fort- und Weiterbildung

Durch den Ausbau der Tagesbetreuung sowie die Öffnung vieler Kindergärten für Kinder unter drei Jahren steigen die beruflichen Anforderungen und der Bedarf an pädagogischen Fachkräften, die speziell für diese Altersgruppe qualifiziert sind. Um bis 2013 den zusätzlichen Platzbedarf von etwa 420.000 Plätzen für Kinder unter drei Jahren in Kindertageseinrichtungen (70 %) und Kindertagespflege (30 %) abzudecken, werden Schätzungen zufolge circa 50.000 pädagogische Fachkräfte in Kindertageseinrichtungen und rund 40.000 Tagespflegepersonen benötigt (Rauschenbach 2007). Da es eine spezifische Ausbildung zur „Krippenerzieherin" in Deutschland nicht gibt, ist es zur Sicherung der pädagogischen Qualität in diesem Bereich notwendig, dass ein einheitliches Qualifikationsprofil der Fachkräfte in Kindertageseinrichtungen für Kinder unter drei Jahren sowie in der Tagespflege formuliert und im Rahmen, der Aus-, Fort- und Weiterbildung umgesetzt wird.

Einheitliches Qualifikationsprofil

Dabei werden schrittweise Qualifizierungsmaßnahmen empfohlen (Ebert 2008, S. 195):

- Kurzfristige Konzeption von Fortbildungsmodulen für die Weiterqualifizierung von pädagogischen Teams in Einrichtungen mit erweiterter Altersmischung.
- Schaffung von Beratungs- und Informationsnetzwerken zum Erfahrungsaustausch zwischen Einrichtungen, die eine Altersöffnung „nach unten" planen und solchen, die diesen Schritt bereits erfolgreich gemeistert haben.
- Ausbau einer bedarfsgerechten Ausbildung an Fachschulen und Fachakademien mit der Möglichkeit, den Schwerpunkt Krippenpädagogik zu wählen.
- Ausbau der Angebote an Fachhochschulen für eine akademische Weiterbildung für pädagogische Fachkräfte mit Leitungsaufgaben.

Aufgrund der steigenden Anforderungen an die pädagogischen Fachkräfte und des wachsenden Bedarfs an qualifiziertem Personal für die Bildung, Erziehung und Betreuung von Kindern in den ersten drei Lebensjahren besteht die Notwendigkeit, die Ausbildung an Fachschulen und Fachakademien neu zu strukturieren und durch den Ausbildungsschwerpunkt „Kinder unter drei Jahren" zu erweitern.

Die derzeitige Ausbildung ermöglicht zwar formal die Bildung, Erziehung und Betreuung von Kindern auch unter drei Jahren, doch ist nach den bisherigen Erfahrungen, den bestehenden Rahmenbedingungen und der vielerorts berichteten Überforderung vieler Fachkräfte nicht davon auszugehen, dass die momentane Ausbildung auf die Erfordernisse der Praxis vorbereitet ist (Ebert 2008). Bisher fehlen in der Ausbildung spezifische Angebote für die Frühpädagogik in den ersten drei Lebensjahren – auch in den neuen Hochschul-Studiengängen ist ein Schwerpunkt „Krippenpädagogik" nicht vorgesehen.

Multidisziplinäre Teams

Die bisherigen Ausbildungs- und Studiengänge zur Kinderpflegerin, Erzieherin und Sozialpädagogin sollten insgesamt durchgängiger gestaltet werden und – angesichts des Mangels an Erzieherinnen und Leiterinnen – auch Fachkräften aus anderen pädagogischen Berufen (z. B. schulische Lehrkräfte) die Weiterqualifizierung erleichtern. Kinder in den ersten drei Lebensjahren können von multidisziplinären Teams besonders profitieren – gerade dann, wenn die Fachkräfte den Kindern vertraut sind. Daneben sollten auch die derzeit zwar umfangreichen, jedoch sehr heterogenen Angebote zur Fort- und Weiterbildung – in Abstimmung mit den jeweiligen Trägern – praxisnahe, attraktive und transparente Möglichkeiten zur Weiterqualifizierung von Ergänzungskräften anbieten. Dies erscheint gerade im Hinblick auf die gegenwärtige Praxis als dringend erforderlich: Kinderpflegerinnen gelten im engeren Sinne als pädagogische Zusatzkräfte und werden geringer bezahlt als Erzieherinnen. Aufgrund einer in vielen Einrichtungen angespannten Personalsituation übernehmen sie jedoch die gleichen Aufgaben wie die Erzieherinnen im pädagogischen Team.

Qualifizierung der Kindertagespflege

Auch die Qualifizierung der Kindertagespflege sollte im Sinne einer vergleichbaren Qualitätssicherung der pädagogischen Arbeit verbindlich gestaltet werden und in Zukunft im Rahmen einer professionellen Berufsausbildung organisiert sein. Auf diese Weise würde die verantwortungsvolle Tätigkeit der Tagespflegepersonen eine gesellschaftliche Aufwertung erfahren und das Interesse qualifizierter Fachkräfte an der Arbeit mit Kindern unter drei Jahren erhöhen (vgl. Weiß 2006).

Verantwortung der Politik: Gute Bildung hat ihren Preis
Berechnungen des Instituts der deutschen Wirtschaft zeigen, dass sich selbst kurzfristige Mehrausgaben für Reformen im Bereich der frühkindlichen Bildung mittelfristig durch eine Verbesserung der Bildungsabschlüsse und geringere Quoten an späteren Schulversagen bis zum Jahr 2020 auszahlen (Diekmann et al. 2008). Internationale Studien (Barnett 1996) zeigen, dass jeder Dollar bzw. Euro, der in die frühkindliche Bildung und Entwicklung investiert wird, mindestens vierfach zurückkommt. Zu diesem Fazit kommt auch der Zwölfte Kinder- und Jugendbericht: „Unter dem Strich bleibt jedoch festzuhalten: Kosten-Nutzen-Studien belegen den hohen volkswirtschaftlichen Nutzen von Investitionen in den Ausbau und die Qualität des Systems von Bildung, Betreuung und Erziehung für Kinder sowie in deren Förderung und Entwicklung. Von daher lohnt es sich, die erforderlichen gesellschaftlichen Ressourcen für die Bildung, Betreuung und Erziehung von Kindern von Anfang an im frühen Kindesalter als Zukunftsinvestitionen zu mobilisieren (BMFSFJ 2005, S. 357)."

Neben dem geplanten Ausbau der Betreuungsplätze in Kindertageseinrichtungen und in der Tagespflege bedarf es einer weiteren nationalen Qualitätsoffensive, damit mindestens genau so viel in die Qualität der Bildung, Betreuung und Erziehung von Kindern investiert wird, wie in den quantitativen Ausbau. Internationale Forschungsergebnisse (NICHD 2007; EPPE; Siraj–Blatchford et al. 2002) zeigen, dass die wichtigsten Qualitätsmerkmale in der Qualifizierung der außerfamiliären Betreuungspersonen (Erzieherinnen, Tageseltern), in einem guten Betreuungsperson-Kind-Schlüssel und einer gesicherten Vorbereitungszeit von einem Drittel der Arbeitszeit liegen. Diese Bedingungen sind Voraussetzung dafür, dass Kinder zu ihren außerfamiliären Betreuungspersonen tragfähige und vertrauensvolle Beziehungen aufbauen können.

„Qualitätsentwicklung und Qualitätssicherung bilden vor diesem Hintergrund eine weitere fachliche und gesellschaftliche Herausforderung. Sie dürften am ehesten durch eine Kombination von Ansätzen zu erreichen sein: durch eine politisch verantwortete Sicherung guter Inputbedingungen (Sicherung von fachlich begründeten Standards der Struktur- und Orientierungsqualität) und durch die Feststellung tatsächlich erreichter Prozessqualität; durch ein gezieltes Qualitätsmanagement aufseiten der Einrichtungen und Träger sowie durch eine unabhängige Qualitätsprüfung nach übergreifenden, bundeseinheitlichen Standards (BMFSFJ 2005, S. 563)."

Vertiefende Lesetipps

Jedes der acht Kapitel dieses Buches hat einen zentralen Aspekt für die Bildung, Erziehung und Betreuung von Kindern unter drei Jahren beleuchtet – die folgenden Literaturempfehlungen dienen zur Vertiefung der Schwerpunkte.

Zu Kapitel 1:
Gopnik, A., Kuhl, P. & Meltzoff, A. (2002/2003): Forschergeist in Windeln. Wie Ihr Kind die Welt begreift. München: Piper.
In diesem Buch wird eine Vielzahl von Forschungsergebnissen – z.B. zu den Bereichen Lernen in den ersten Lebensjahren, zur Sprach- und Hirnentwicklung – zusammengefasst. Anschaulich und spannend erfährt der Leser, auf welch faszinierende Weise Säuglinge und Kleinkinder als Forscher und Entdecker aktiv sind.
Thole, W., Roßbach, H.-G., Fölling-Albers, M. & Tippelt, R. (Hrsg.) (2008): Bildung und Kindheit. Pädagogik der Frühen Kindheit in Wissenschaft und Lehre. Opladen: Barbara Budrich.
Ein Sammelband, der die aktuelle wissenschaftliche Diskussion zur Bildungs- und Kindheitsforschung bündelt.

Zu Kapitel 2:
Ahnert, L. (2008): Frühe Bindung. Entstehung und Entwicklung. 2. Auflage. München: Ernst Reinhardt.
Dieses Buch bietet einen fundierten Einblick in das Thema Bindung und Bindungsforschung in den ersten Lebensjahren. Es kommen namhafte deutsche Wissenschaftler aus der Säuglings-, Bindungs- und Kleinkindforschung zu Wort. Das Buch gibt einen guten Überblick über die aktuelle Kleinkind- und Bindungsforschung in Deutschland.
Becker-Stoll, F. & Textor, M.R. (Hrsg.) (2007): Die Erzieherin-Kind-Beziehung. Zentrum von Bildung und Erziehung. Mannheim: Cornelsen Verlag Scriptor.
Verschiedene Autoren aus Wissenschaft und praxisnaher Forschung beleuchten die vielfältigen Aspekte der Erzieherin-Kind-

Beziehung. Das Buch wendet sich an pädagogische Fachkräfte, ist leicht verständlich geschrieben und geht auch auf Probleme in diesem sensiblen Kontext ein.

Zu Kapitel 3:
Niesel, R. (2008): Wach, neugierig, klug – Kompetente Erwachsene für Kinder unter drei. Filmszenen und Informationen zur Entwicklung von Kindern". Gütersloh: Verlag Bertelsmann Stiftung.
Anhand von 17 Szenen (DVD) und erläuternden Texten werden Bildungssituationen in den ersten drei Lebensjahren in Kindertageseinrichtungen gezeigt. Die Broschüre entstand als Ergänzung zum Medienpaket „Wach, neugierig, klug – Kinder unter 3".
Becker-Stoll, F. & Nagel, B. (Hrsg.) (2009): Bildung und Erziehung in Deutschland. Pädagogik für Kinder von 0 bis 10 Jahren. Berlin, Düsseldorf & Mannheim: Cornelsen Verlag Scriptor.
In diesem Buch werden Bildungsfragen – speziell unter dem Gesichtspunkt von Bildungsplänen – diskutiert und der direkte Bezug zur frühpädagogischen Praxis hergestellt.

Zu Kapitel 4:
Ministerium für Frauen, Jugend, Familie und Gesundheit des Landes Nordrhein-Westfalen (Hrsg.) (2001): Wie Kinder sprechen lernen. Entwicklung und Förderung der Sprache im Elementarbereich.
Verfügbar als pdf-download unter: http://www.spi.nrw.de/produkt/sprechen.html
Stadt Frankfurt am Main/Stadtschulamt (Hrsg.) (2001): Meine, deine, unsere Sprache. Konzeption für eine Sprachförderung zwei- und mehrsprachiger Kinder.
Die Broschüre ist gegen eine Schutzgebühr erhältlich bei: Stadt Frankfurt am Main Stadtschulamt, Abt. Städtische Kindertageseinrichtungen, Seehofstr. 41, 60594 Frankfurt am Main.

Kurt Gerwig: KiTas kleinkindgerecht bauen und ausstatten. Anregungen und Tipps für die Neu- oder Umgestaltung. Kaufungen: AV1 Film 2009, DVD, 70 Min.
Nur erhältlich bei AV1 Film + Multimedia, Pfalzstraße 10, 34260 Kaufungen, Tel.: 05605/4321, Fax: 05605/70219, Email: krippenfilm@AV1.de
Der Film gibt hilfreiche Informationen und wertvolle Anregungen für alle, die sich mit dem Gedanken tragen, eine Krippe zu gründen oder ihre Kita umzugestalten, um sie für Kinder unter drei Jahren zu optimieren. Fachliche Begleitung: Kornelia Schneider, DJI München.

Zu Kapitel 5:
Kasten, H. (2008): Soziale Kompetenzen. Entwicklungspsychologische Grundlagen und frühpädagogische Konsequenzen. Mannheim: Cornelsen Verlag Scriptor.
Nach Lebensjahren der Kinder geordnet, werden Meilensteine der sozialen Entwicklung mit Bezug zur Praxis in Kindertageseinrichtungen übersichtlich dargestellt.
Niesel, R. & Wertfein, M. (2009): Kinder unter drei Jahren im Kindergarten. Die erweiterte Altersmischung als Qualitätsgewinn für alle (Herausgeber: Bayerisches Staatsministerium für Arbeit und Sozialordnung, Familie und Frauen).
Diese Veröffentlichung wendet sich vorrangig an pädagogische Fachkräfte, die in Kindertageseinrichtungen arbeiten, die sich für Kinder unter drei Jahren geöffnet haben oder diese Entwicklung planen. Eine Online-Fassung wird unter www.stmas.bayern.de/kinderbetreuung/index.htm zur Verfügung gestellt.

Zu Kapitel 6:
Kazemi-Veisari, E. (2004): Kinder verstehen lernen. Wie Beobachten zu Achtung führt. Seelze-Velber: Kallmeyer.
Dieses Buch gibt nicht nur Hinweise zur praktischen Umsetzung von Beobachtung und Dokumentation, sondern hilfreiche Anregungen, die eigene pädagogische Grundhaltung zu reflektieren und den Kindern mit Wertschätzung und Offenheit zu begegnen.

Zu Kapitel 7:
Gute Qualität in Krippe und Kindertagespflege (Deutsche Liga für das Kind).
Zu den Qualitätsanforderungen von Krippen gibt es inzwischen eine Reihe von Positionspapieren. Besonders empfehlenswert ist die Veröffentlichung der Deutschen Liga für das Kind „Gute Qualität in Krippe und Kindertagespflege".
Das Positionspapier wurde 2008 unter Mitwirkung namhafter Fachleute verfasst und ist unter http://www.liga-kind.de/downloads/krippe.pdf zu finden.
Maywald, J. & Schön, B. (2008): Krippen: Wie frühe Betreuung gelingt. Fundierter Rat zu einem umstrittenen Thema. Weinheim: Beltz.
In diesem Buch beschreiben praxisnahe Wissenschaftlerinnen und Wissenschaftler wie Liselotte Ahnert, Martin Dornes, Jochim Bensel und Gabriele Haug-Schnabel, Éva Hédervári-Heller, Susanne Viernickel und Wiebke Wüstenberg ausführlich die vielfältigen Qualitätsaspekte von Krippen.

Zu Kapitel 8:
Bertelsmann Stiftung und Staatsinstitut für Frühpädagogik (Hrsg.) (2008): Wach, neugierig, klug – Kompetente Erwachsene für Kinder unter 3. Ein Fortbildungshandbuch. Gütersloh: Verlag Bertelsmann Stiftung.
Die Materialien wurden für Fachkräfte entwickelt, die in der Aus- und Fortbildung von Erzieherinnen und Tagesmüttern tätig sind. Das Fortbildungshandbuch schließt an das Medienpaket „Wach, neugierig, klug – Kinder unter 3" an.
Bertelsmann Stiftung: Qualität für Kinder unter Drei in Kitas. Empfehlungen an Politik, Träger und Einrichtungen.
Verfügbar unter: www.kinder-früher-foerdern.de
Fthenakis, W. E., Hanssen, K., Oberhuemer, P. & Schreyer, I. (Hrsg.) (2003): Träger zeigen Profil. Qualitätshandbuch für Träger von Kindertageseinrichtungen. Weinheim: Beltz.

Literaturverzeichnis

Ahnert, L. & Gappa, M. (2008). Entwicklungsbegleitung in gemeinsamer Erziehungsverantwortung. In: J. Maywald & B. Schön (Hrsg.). Entwicklungsbegleitung in gemeinsamer Erziehungsverantwortung, (74 – 95). Weinheim: Beltz.

Ahnert, L. (2007a). Inanspruchnahme öffentlicher Kinderbetreuung. In: M. Hasselhorn & W. Schneider (Hrsg.). Handbuch der Psychologie, Bd. Entwicklungspsychologie, (479 – 488). Bern: Hogrefe.

Ahnert, L. (2007b). Von der Mutter-Kind- zur Erzieherinnen-Kind-Bindung. In: F. Becker-Stoll & M. R. Textor (Hrsg.). Die Erzieherin-Kind-Beziehung, Zentrum von Bildung und Erziehung, (31 – 41). Berlin, Düsseldorf & Mannheim: Cornelsen Scriptor.

Ahnert, L. (2007c). Entwicklungspsychologische Aspekte der Erziehung, Bildung und Betreuung von Kleinkindern. Expertise im Auftrag der Enquetekommission „Chancen für Kinder – Rahmenbedingungen und Steuerungsmöglichkeiten für ein optimales Betreuungs- und Bildungsangebot in Nordrhein-Westfalen". Düsseldorf. Verfügbar unter: http://www.landtag.nrw.de/portal/WWW/GB_I/I.1/EK/14_EK2/Gutachten/ExpertiseAhnert2007.pdf [4.5.2009].

Ahnert, L., Pinquart, M. & Lamb, M. L. (2006). Security of children's relationships with nonparental care providers: A meta-analysis. Child Development, 74 (3), (664 – 679).

Ahnert, L. (2006). Anfänge der frühen Bildungskarriere. Frühe Kindheit: die ersten sechs Jahre, (6), (18 – 23).

Ahnert, L. (2005). Entwicklungspsychologische Erfordernisse bei der Gestaltung von Betreuungs- und Bildungsangeboten im Kleinkind- und Vorschulalter. In: L. Ahnert, H.-G. Roßbach, U. Neumann, J. Heinrich & B. Koletzko (Hrsg.). Bildung, Betreuung und Erziehung von Kindern unter sechs Jahren. Materialien zum Zwölften Kinder- und Jugendbericht, Band 1, (9 – 53). München: Verlag Deutsches Jugendinstitut.

Ahnert, L. (2004). Bindungsbeziehungen außerhalb der Familie: Tagesbetreuung und Erzieherinnen-Kind-Bindung. In: L. Ahnert (Hrsg.). Frühe Bindung. Entstehung und Entwicklung, (256 – 277). München: Reinhardt.

Ahnert, L., Rickert, H. & Lamb, M. E. (2000). Shared caregiving: Comparison between home and child care. Developmental Psychology, 36, (339 – 351).

Ainsworth, M., Blehar, M., Waters, E. & Wall, S. (1978). Patterns of attachment: A psychological study of the strange situation. Hillsdale, NJ: Erlbaum.

Ainsworth, M. (1978/2003). Skalen zur Erfassung mütterlichen Verhaltens: Feinfühligkeit vs. Unempfindlichkeit gegenüber den Signalen des

Babys. In: K. Grossmann & K. E. Grossmann (Hrsg.). Entwicklung der Lernfähigkeit, (96 – 107). München: Kindler.

Ainsworth, M. (1964/2003). Muster von Bindungsverhalten, die vom Kind in der Interaktion mit seiner Mutter gezeigt werden. In: K. Grossmann & K. E. Grossmann (Hrsg.). Bindung und menschliche Entwicklung, (102 – 111). Stuttgart: Klett-Cotta.

Allwörden, M. von & Drees, F. (2006). Der Säugling ist eine Person. In: Bertelsmann Stiftung & Staatsinstitut für Frühpädagogik (Hrsg.). Wach, neugierig, klug – Kinder unter 3. Ein Medienpaket für Kitas, Tagespflege und Spielgruppen. Gütersloh: Verlag Bertelsmann Stiftung.

Anderson, C. W., Nagle, R. J., Roberts, W. A., & Smith, J. W. (1981). Attachment to substitute caregivers as a function of center quality and caregiver involvement. Child Development, 52, (53 – 61).

Aries, P. (1975/2006). Geschichte der Kindheit, (16. Aufl.). München und Wien: Hanser.

Asendorpf, J. B. (2004). Psychologie der Persönlichkeit, (3. Aufl.). Berlin: Springer.

Baltes, P. B. (1990). Entwicklungspsychologie der Lebensspanne: Theoretische Leitsätze. Psychologische Rundschau, 41, (1 – 24).

Barnett, W.S. (1996): Lives in the balance: Age-27 benefit-cost analysis of the High/Scope Perry Preschool Program. Ypsilanti/USA: High/Scope.

Bauer, J. (2008). Lob der Schule. Sieben Perspektiven für Schüler, Lehrer und Eltern. München: Heyne.

Bauer, J. (2005). Warum ich fühle, was du fühlst: Intuitive Kommunikation und das Geheimnis der Spiegelneurone. Hamburg: Hoffmann und Campe.

Bayerisches Staatsministerium für Arbeit und Sozialordnung, Familie und Frauen & Staatsinstitut für Frühpädagogik München (2007). Der Bayerische Bildungs- und Erziehungsplan für Kinder in Tageseinrichtungen bis zur Einschulung, (2. Aufl.). Berlin/Mannheim: Cornelsen Scriptor.

Becker-Stoll, F. (2007). Ausbau der Kinderkrippen-Qualität vor Quantität. Christ und Bildung. Zeitschrift der Katholischen Erziehergemeinschaft Deutschlands, 53 (6), (10 – 13).

Becker-Stoll, F. & Textor, M. R. (Hrsg.) (2007). Die Erzieherin-Kind-Beziehung: Zentrum von Bildung und Erziehung. Berlin, Düsseldorf & Mannheim: Cornelsen Scriptor.

Beller, E. K. & Beller, S. (2005). Kuno Bellers Entwicklungstabelle, (5. Aufl.). Berlin: Freie Universität.

Beller, E. K. (2002). Eingewöhnung in die Krippe. Ein Modell zur Unterstützung der aktiven Auseinandersetzung aller Beteiligten mit Veränderungsstress. Frühe Kindheit, (2), (9 – 14).

Bensel, J. & Haug-Schnabel, G. (2008). Alltag, Bildung und Förderung in der Krippe. In: J. Maywald & B. Schön (Hrsg.). Krippen: Wie frühe

Betreuung gelingt. Fundierter Rat zu einem umstrittenen Thema, (102 – 142). Weinheim und Basel: Beltz.
Bensel, J. & Haug-Schnabel, G. (2005). Kinder beobachten und ihre Entwicklung dokumentieren. Kindergarten heute spezial. Freiburg im Breisgau: Herder.
Bertelsmann Stiftung und Staatsinstitut für Frühpädagogik (Hrsg.) (2008). Wach, neugierig, klug – Kompetente Erwachsene für Kinder unter 3. Ein Fortbildungshandbuch. Gütersloh: Verlag Bertelsmann Stiftung.
Bertelsmann Stiftung & Staatsinstitut für Frühpädagogik (Hrsg.) (2006). Wach, neugierig, klug – Kinder unter 3. Ein Medienpaket für Kitas, Tagespflege und Spielgruppen. Gütersloh: Verlag Bertelsmann Stiftung.
Bertin, E., Caccione, T. & Wilkening, F. (2006). Die Welt erkunden. Wie kleine Kinder wahrnehmen. klein & groß, (09), (7 – 9).
BMFSFJ (2005) – siehe unter: Bundesministerium für Familie, Senioren, Frauen und Jugend (2005).
Bock-Famulla, K. (2002). Volkswirtschaftlicher Ertrag von Kindertagesstätten. Gutachten im Auftrag der Max-Traeger-Stiftung der Gewerkschaft Erziehung und Wissenschaft (gew). Verfügbar unter: http://www.gew-nrw.de/binarydata/download/Fachgruppen/Kita-Gutachten-2002.pdf [29.04.2009].
Booth, C. L., Kelly, J. F., Spieker, S. J., & Zuckerman, T. G. (2003). Toddler's attachment security to child care providers: The Safe and Secure Scale. Early Education & Development, 14, (83 – 100).
Bort, W. (2002). Orte der Kindheit – Orte für Kinder? Verfügbar unter: http://www.kindergartenpaedagogik.de/759.html [16.1.2009].
Bowlby, J. (1987/2003). Bindung. In: K. Grossmann & K. E. Grossmann (Hrsg.). Bindung und menschliche Entwicklung, (22 – 28). Stuttgart: Klett-Cotta.
Braun, K. et al. (2002). Frühe emotionale Erfahrungen und ihre Relevanz für die Entstehung und Therapie psychischer Erkrankungen. In: B. Strauss, A. Buchheim, H. Kächele (Hrsg.) Klinische Bindungsforschung – Methoden und Konzepte, (121 – 128). Schattauer: Stuttgart.
Braun, K., Helmeke, C. & Bock, J. (2009). Bindung und der Einfluss der Eltern-Kind-Interaktion auf die neuronale Entwicklung präfrontaler und limbischer Regionen: Tierexperimentelle Befunde. In: K. H. Brisch & T. Hellbrügge (Hrsg.). Wege zu sicheren Bindungen in Familie und Gesellschaft. Prävention, Begleitung, Beratung und Psychotherapie, (13 – 52). Stuttgart: Klett-Cotta.
Bronfenbrenner, U. (1981). Die Ökologie der menschlichen Entwicklung. Stuttgart: Klett-Cotta.
Bundesministerium für Familie, Senioren, Frauen und Jugend (Hrsg.) (2005). Zwölfter Kinder- und Jugendbericht: Bericht über die Lebenssituation junger Menschen und die Leistungen der Kinder- und Jugendhilfe in Deutschland. München: Verlag Deutsches Jugendinstitut.

Bundesministerium für Familie, Senioren, Frauen und Jugend (Hrsg.) (2003). Auf den Anfang kommt es an! Perspektiven zur Weiterentwicklung des Systems der Tageseinrichtungen für Kinder in Deutschland. Weinheim: Beltz.
Burchinal, M., Roberts, J., Nabors, L. & Bryant, D. (1996). Quality of center child care and infant cognitive and language development. Child Development, (67), (606 – 620).
Colberg-Schrader, H. (2000). Erzieherin – Berufsbild mit neuen Konturen. Aufgabenprofil, Selbstverständnis und Zukunftschancen. München: Don Bosco.
Corsaro, W. A. (1997). The sociology of childhood. Thousand Oaks, Ca.: Pine Forge Press.
Deci, E. L. & Ryan, R. M. (2002). Overview of self-determination theory: An organismic dialectical perspective. In: E. L. Deci & R. M. Ryan (Eds.), Handbook of self-determination research, (3 – 33). Rochester: University of Rochester Press.
Deci, E. L. & Ryan, R. M. (1995). Human autonomy: The basis for true self-esteem. In: M. Kernis (Hrsg). Efficacy, agency, and self-esteem, (31 – 49). New York: Plenum.
Deci, E. L. & Ryan, R. M. (1992). The initiation and regulation of intrinsically motivated learning and achievement. In: A. K. Boggiano & T. S. Pittman (Eds.). Achievement and motivation: a social-developmental Perspective, (9 – 36). Cambridge: Cambridge University Press.
Deloache, J. (2000). Cognitive Development in Infants. In D. Cryer & T. & Harms (Hrsg.). Infants and toddlers in out-of-home care. (S. 7–47). Baltimore: Paul H. Brookes Publishing Co.
Diekmann, L.-C., Plünnecke, A., Seyda, S. (2008). Sozialbilanz Familie – Eine ökonomische Analyse mit Schlussfolgerungen für die Familienpolitik. Institut der deutschen Wirtschaft-Analysen, Nr. 40, Köln: Deutscher Instituts-Verlag.
Diller, A. (2007). Familie allein genügt nicht, Institution allein auch nicht. DJI Bulletin, 80, (17 – 19).
Ebert, S. (2008). Krippenerziehung als Profession – Anforderungen an ein modernes Berufskonzept. In: J. Maywald & B. Schön (Hrsg.). Krippen: Wie frühe Betreuung gelingt. Fundierter Rat zu einem umstrittenen Thema, (178 -197). Weinheim und Basel: Beltz.
Elschenbroich, D. (2001). Das Weltwissen der Siebenjährigen. Wie Kinder die Welt entdecken können. München: Kunstmann.
Europäische Kommission (2001). Einen europäischen Raum des lebenslangen Lernens schaffen. Mitteilung der Kommission (14). Verfügbar unter: http://www.politikundpartizipation.de/uploads/File/material/literatur/Lebenslanges_Lernen.pdf [29.04.09].
Flammer, A. (2009). Entwicklungstheorien. Psychologische Theorien der menschlichen Entwicklung, (4. Aufl.). Bern: Huber.

Freter, K. (2004). Dialog (fast) ohne Worte. In: R. Henneberg, H. Klein, L. Klein & H. Vogt (Hrsg.). Mit Kindern leben, lernen, forschen und arbeiten. Kindzentrierung in der Praxis, (210 – 216). Seelze-Velber: Kallmeyer.
Friedman. S. L. & Boyle, E. (2009). Kind-Mutter-Bindung in der NICHD-Studie. „Early Child Care and Young Development": Methoden, Erkenntnisse und zukünftige Ausrichtungen. In: K. Brisch & T. Hellbrügge (Hrsg.). Wege zu sicheren Bindungen in Familie und Gesellschaft. Prävention, Begleitung, Beratung und Psychotherapie, (94 – 151). Stuttgart: Klett-Cotta.
Friedrich, H. (2008). Beziehungen zu Kindern gestalten, (4. komplett überarbeitete und erweiterte Aufl.). Mannheim: Cornelsen Scriptor.
Fröhlich-Gildhoff, K. (2007). Wer Qualität will, muss in Qualität investieren. Kindergarten heute, 5, (6 – 13).
Fthenakis, W. E. (2007). Bildung von Anfang an: Konsistenz in den Grundsätzen, in den Bildungszielen und im Bildungsverlauf. (Unveröffentlichtes Manuskript).
Fthenakis, W. E. (2003). Zur Neukonzeptualisierung der Bildung in der frühen Kindheit. In: W. E. Fthenakis (Hrsg.). Elementarpädagogik nach Pisa, (18 – 37). Freiburg: Herder.
Fthenakis, W. E., Hanssen, K., Oberhuemer, P. & Schreyer, I. (Hrsg.) (2003). Träger zeigen Profil. Qualitätshandbuch für Träger von Kindertageseinrichtungen. Weinheim: Beltz.
Gallese, V. (2003). The roots of empathy: The shared manyfold hypothesis and the neural basis of intersubjectivity. Psychopathology, 36, (171 – 180).
Gaschler, K. (2006). Spiegelneurone: Die Entdeckung des Anderen. Gehirn&Geist, 10/2006, (26 – 33).
Gebauer, G. & Wulf, C. (1998). Spiel, Ritual, Geste. Mimetisches Handeln in der sozialen Welt. Reinbeck bei Hamburg: Rowohlt.
Gopnik, A., Kuhl, P. & Meltzoff, A. (2003). Forschergeist in Windeln. Wie Ihr Kind die Welt begreift. München: Piper.
Gottman, J. (1997). Kinder brauchen emotionale Intelligenz. Ein Praxisbuch für Eltern, (4. Aufl.), (Original erschienen 1997: The heart of parenting). München: Heyne.
Gottman, J., Katz, L. & Hooven, C. (1996). Parental meta-emotion philosophy and the emotional life of families: Theoretical models and preliminary data. Journal of Family Psychology, 10 (3), (243 – 268).
Griebel, W. & Niesel, R. (2004). Transitionen. Fähigkeit von Kindern in Tageseinrichtungen fördern, Veränderungen erfolgreich zu bewältigen. Weinheim und Basel: Beltz.
Griebel, W., Niesel, R., Reidelhuber, A. & Minsel, B. (2004). Erweiterte Altersmischung in Kita und Schule. Grundlagen und Praxishilfen für Erzieherinnen, Lehrkräfte und Eltern. München: Don Bosco Verlag.
Grossmann, K., Grossmann, K. E., Kindler, H. (2005). Early care and the roots of attachment and partnership representation in the Bielefeld

and Regensburg, Longitudinal studies. In: K. E Grossmann, K. Grossmann, & E. Waters (Eds.), Attachment from infancy to adulthood, The major longitudinal studies, (98 – 136). New York: Guilford Press.

Grossmann, K. & Grossmann, K. E. (2004). Bindungen. Das Gefüge psychischer Sicherheit. Stuttgart: Klett-Cotta.

Grossmann, K. E. (2004). Theoretische und historische Perspektiven der Bindungsforschung. In: L. Ahnert (Hrsg.). Frühe Bindung. Entstehung und Entwicklung, (21 – 41). München: Reinhardt.

Grossmann, K. E., Becker-Stoll, F., Grossmann, K., Kindler, H., Maier, M., Scheuerer-Englisch, H., Schieche, M., Spangler, G., Stöcker, K., Süß, G., Wensauer, M. und Zimmermann, P. (2003). Internalisierung unterschiedlicher kindlicher Bindungserfahrungen und ihre klinische Relevanz.. In H. Keller (Hrsg.). Handbuch der Kleinkindforschung. 3., korrigierte und erweiterte Auflage (S. 223-282). Göttingen: Hogrefe.

Grossmann, K. & Grossmann, K. E. (1998). Bindungstheoretische Überlegungen zur Krippenbetreuung. In: L. Ahnert (Hrsg.). Tagesbetreuung für Kinder unter 3 Jahren – Theorien und Tatsachen, (69 – 81). Bern: Huber.

Grossmann, K., Grossmann, K. E., Spangler, G., Süss, G. J. & Unzner, L. (1985). Maternal sensitivity and newborns orientation responses as related to quality of attachment in Northern Germany. In: I. Bretherton & E. Waters. Growing points in attachment theory and research. Monographs of the Soc. for Res. in Child Dev., 50, (1-2, Serial No. 209), 233-256.

Hanke M. (2005). Magazin Festspielhaus Baden-Baden, 2005/2, (68).

Hännikäinen, M. (2007). Creating togetherness and building a preschool community of learners: the role of play and games. In: T. Jambor & J. Van Gils (Eds.). Several perspectives on children's play. Scientific reflections for practitioners, (147 – 160). Antwerpen and Apeldoorn: Garant.

Hardenberg, M. (2007). Hier spielt sich Bildung ab. In: C. Lipp-Peetz (Hrsg.). Praxis Beobachtung. Auf dem Weg zu individuellen Bildungs- und Erziehungsplänen, (120 – 145). Berlin, Düsseldorf & Mannheim: Cornelsen Scriptor.

Hauf, P. (2008). Lernen im Dialog. Frühe Kindheit, (3), (14 – 19).

Haug-Schnabel, G. & Bensel, J. (2006). Kinder unter 3 – Bildung, Erziehung und Betreuung von Kleinstkindern. Kindergarten heute spezial. Freiburg im Breisgau: Herder.

Havighurst, R.J. (1982). Developmental tasks and education, (1. Aufl. 1948). New York: Longman.

Heinze-Nießner, U. (2007). Warum wir ihr Kind beobachten. In: C. Lipp-Peetz (Hrsg.). Praxis Beobachtung. Auf dem Weg zu individuellen Bildungs- und Erziehungsplänen, (174 – 178). Berlin, Düsseldorf & Mannheim: Cornelsen Scriptor.

Henneberg, R. (2004). Max entdeckt das "Elektrische"... In: R. Henneberg, H. Klein, L. Klein & H. Vogt (Hrsg.). Mit Kindern leben, lernen, forschen und arbeiten. Kindzentrierung in der Praxis, (196 – 200). Seelze-Velber: Kallmeyer.

Henneberg, R., Klein, H., Klein, L. & Vogt, H. (Hrsg.). (2004). Mit Kindern leben, lernen, forschen und arbeiten. Kindzentrierung in der Praxis. Seelze-Velber: Kallmeyer.

Herwartz-Emden, L. (2008). Interkulturelle und geschlechtergerechte Pädagogik für Kinder im Alter von 6 bis 16 Jahren. Expertise für die Enquetekommission des Landtages von Nordrhein-Westfalen: „Chancen für Kinder" (unter Mitarbeit von V. Schurt, W. Waburg, M. Ruhland, M. Wölfe und A. Kerting). Verfügbar unter: http://www.landtag.nrw.de/ [25.1.2009].

Howes, C. (2000). Social development, family, and attachment relationships of infants and toddlers. In: D. Cryer & T. Harms (Eds.). Infants and toddlers in out-of-home care, (87 – 113). Baltimore, London, Toronto, Sydney: Paul H. Brookes Publishing.

Hüther, G. (2006). Bedienungsanleitung für ein menschliches Gehirn. Göttingen: Vandenhoeck und Ruprecht.

Hüther, G. & Krens, I. (2005). Das Geheimnis der ersten neun Monate. Unsere frühesten Prägungen. Düsseldorf: Walter.

Kasten, H. (2008). Soziale Kompetenzen. Entwicklungspsychologische Grundlagen und frühpädagogische Konsequenzen. Mannheim: Cornelsen Scriptor.

Kasten, H. (2005). 0 – 3 Jahre. Entwicklungspsychologische Grundlagen. Weinheim und Basel: Beltz.

Kasüschke, D. & Fröhlich-Gildhoff, K. (2008). Frühpädagogik heute. Herausforderung an Disziplin und Profession. Kronach: Carl Link.

Kazemi-Veisari, E. (2005). Von der Beobachtung zur Achtung. 10 Thesen. KiTA aktuell ND, (6), (124 – 125).

Kazemi-Veisari, E. (2004). Kinder verstehen lernen. Wie Beobachtung zu Achtung führt. Seelze-Velber: Kallmeyer.

Kieferle, C. (2009). Literacy in Kindertageseinrichtungen und Familie – sprachliche Entwicklung von Kindern in Theorie und Praxis. In: F. Becker-Stoll & B. Nagel (Hrsg.). Bildung und Erziehung in Deutschland. (90 – 105). Berlin, Düsseldorf & Mannheim: Cornelsen Scriptor.

Kindler, H. & Grossmann, K. (2004). Vater-Kind-Bindung und die Rollen von Vätern in den ersten Lebensjahren ihrer Kinder. In: L. Ahnert (Hrsg.). Frühe Bindung. Entstehung und Entwicklung, (240 – 255). München: Reinhardt.

Klein, H. (2004). Lerngeschichten. In: R. Henneberg, H. Klein, L. Klein & H. Vogt (Hrsg.). Mit Kindern leben, lernen, forschen und arbeiten. Kindzentrierung in der Praxis, (234 – 240). Seelze-Velber: Kallmeyer.

Klein, L. (2008). Das Portfolio gehört dem Kind. Theorie und Praxis der Sozialpädagogik, (9), (5 – 9).

Klein, L. (2004). Wann ein Brückenbauer Mittagspause macht. Tages- und Zeitabläufe dem kindlichen Rhythmus anpassen. In: R. Henneberg, H. Klein, L. Klein & H. Vogt (Hrsg.). Mit Kindern leben, lernen, forschen und arbeiten. Kindzentrierung in der Praxis, (171 – 175). Seelze-Velber: Kallmeyer.

Klein, L. (2004). Wenn die Worte nur so aus einem herausfließen... Warum eine dialogische Haltung die Sprache fördert. Theorie und Praxis der Sozialpädagogik, (4). Verfügbar unter: www.kindergartenpaedagogik.de/1341.html [25.08.2008].

Klein, L. & Vogt, H. (2004). Die richtige Frage zur rechten Zeit. In: R. Henneberg, H. Klein, L. Klein & H. Vogt (Hrsg.). Mit Kindern leben, lernen, forschen und arbeiten. Kindzentrierung in der Praxis, (204 – 209). Seelze-Velber: Kallmeyer.

Koglin, U. (2008). Entwicklungsbeobachtung und -dokumentation von Kleinkindern. Ein Früherkennungsverfahren für Pädagogen. klein & groß, (9), (14 – 15).

Krapp, A. (2005). Das Konzept der grundlegenden psychologischen Bedürfnisse. Ein Erklärungsansatz für die positiven Effekte von Wohlbefinden und intrinsischer Motivation im Lehr-Lerngeschehen. Zeitschrift für Pädagogik, 51 (5), (626 – 641).

Laewen, H. J. (2009). Grenzsteine der Entwicklung als Grundlage eines Frühwarnsystems für Risikolagen in Kindertageseinrichtungen. Verfügbar unter: www.mbjs.brandenburg.de (Rubrik: Pädagogik) [07.01.2009].

Laewen, H.-J., Andres, B. & Hédervári, É. (2000). Die ersten Tage in der Krippe. Neuwied, Kriftel und Berlin: Luchterhand.

Landeshauptstadt München Sozialreferat (Hrsg.) (2006). Die pädagogische Rahmenkonzeption für Kinderkrippen der Landeshauptstadt München, (3. überarbeitete Aufl.). München.

Largo, R. (2005): Babyjahre. Die frühkindliche Entwicklung aus biologischer Sicht. München: Piper.

Lazarus, R. S. (1995). Stress und Stressbewältigung – ein Paradigma. In: H.-S. Filipp (Hrsg.). Kritische Lebensereignisse, (3. Aufl.), (198 – 323). Weinheim: Beltz.

Leu, H. R. (2006). Beobachtung in der Praxis. In: L. Fried & S. Roux (Hrsg.). Pädagogik der frühen Kindheit. Handbuch und Nachschlagewerk, (232 – 233). Weinheim und Basel: Beltz.

Leu, H. R., Flämig, K., Frankenstein, Y., Koch, S., Pack, I., Schneider, K. & Schweiger, M. (2007). Bildungs- und Lerngeschichten. Bildungsprozesse in früher Kindheit beobachten, dokumentieren und unterstützen. Weimar, Berlin: verlag das netz.

Liegle, L. (2008). Erziehung als Aufforderung zur Bildung. In: W. Thole, H.-G. Roßbach, M. Fölling-Albers & R. Tippelt (Hrsg.). Bildung und Kindheit. Pädagogik der Frühen Kindheit in Wissenschaft und Lehre, (85 – 114). Opladen: Barbara Budrich.

Lipp-Peetz, C. (2007). Die Qual der Wahl. Kriterien zur Auswahl eines Beobachtungsinstruments. In: C. Lipp-Peetz (Hrsg.). Praxis Beobachtung. Auf dem Weg zu individuellen Bildungs- und Erziehungsplänen, (53 – 57). Berlin, Düsseldorf & Mannheim: Cornelsen Scriptor.

Lyons-Ruth, K. & Jacobvitz, D. (2008). Attachment disorganization: Genetic factors, parenting contexts, and developmental transformation from infancy to adulthood. In J. Cassidy & P. Shaver (Hrsg.). Handbook of Attachment. Theory, Research, and Clinical Applications. 2 Aufl. (S. 666–697). New York: Guilford Press.

Main, M. & Solomon, J. (1990). Procedures for identifying infants as disorganized/disoriented during Ainsworth Strange Situation. In: M.T. Greenberg (Eds.). Attachment during the preschool years: Theory, research and intervention, (121 – 160). Chicago: University of Chicago Press.

Mayr, T. & Ulich, M. (2003). Die Engagiertheit von Kindern. Zur systematischen Reflexion von Bildungsprozessen in Kindertageseinrichtungen. In: W. E. Fthenakis (Hrsg.). Elementarpädagogik nach PISA, (169 -189). Freiburg im Breisgau: Herder.

Mayr, T. (2008). Früherkennung von Entwicklungsauffälligkeiten in Kindertageseinrichtungen als Prozess – ein Stufenmodell. In: D. Diskowski & L. Pesch (Hrsg.). Familien stützen – Kinder stützen. Was Kitas beitragen können, (199 – 213). Weimar, Berlin: verlag das netz.

Maywald, J. & Schön, B. (2008). Krippen: Wie frühe Betreuung gelingt. Fundierter Rat zu einem umstrittenen Thema. Weinheim: Beltz.

Minsel, B. (2006). Basiskompetenzen. In: R. Pousset (Hrsg.). Beltz Handwörterbuch für Erzieherinnen und Erzieher, (54 f.). Weinheim: Beltz.

Nagel, B. (2009). Kindorientierte Bildung: Entwicklung des Systems der Tageseinrichtungen für Kinder in Deutschland. In: F. Becker-Stoll & B. Nagel (Hrsg.). Bildung und Erziehung in Deutschland. (12 – 26). Berlin, Düsseldorf & Mannheim: Cornelsen Scriptor.

NICHD Early Child Care Research Network (1997). Effects of infant child care on infant-mother attachment security, Results of the NICHD study of early child care. Child Development, 68, (860 – 879).

NICHD Early Child Care Research Network (1998). Early child care and self-control, compliance, and problem behaviour at twenty-four and thirty-six months. Child Development, 69, (1145 – 1170).

NICHD Early Child Care Research Network (2000). The relation of child care to cognitive and language development. Child Development, 71, (960 – 980).

NICHD Early Child Care Research Network (2001). Before Head Start: Income and ethnicity, family characteristics, child care experiences and child development. Early Education and Development, 12, (4), (545 – 576).

NICHD Early Child Care Research Network (2001). Nonmaternal care and family factors in early development: An overview of the NICHD

Study of Early Child Care. Journal of Applied Developmental Psychology, 22, (457 – 492).
NICHD Early Child Care Research Network (2003). Amount of time spent in child care predict socioemotional adjustment during the transition to kindergarten? Child Development, 74, (976 – 1005).
NICHD Early Child Care Research Network (2006). Child-Care Effect Size for the NICHD Study of Early Child Care and Youth Development. American Psychologist, 61, (2), (99 – 116).
NICHD Early Child Care Research Network (2007). Are There Long-Term Effects of Early Child Care? The NICHD-Network Child Development, 78, (2), (681 – 701).
Niesel, R. & Wertfein, M. (2009 im Druck). Kinder unter drei Jahren im Kindergarten. Die erweiterte Altersmischung als Qualitätsgewinn für alle. Bayerisches Staatsministerium für Arbeit und Sozialordnung, Familie und Frauen (Hrsg.).
Niesel, R. (2009). Endlich ein Schulkind? Identitätsentwicklung und Migration am Beginn der Bildungsbiografie. In: H. Knauf (Hrsg.). Frühe Kindheit gestalten. Neue Paradigmen für Bildung und Betreuung von 0- 6jährigen, (S. 75 – 88). Stuttgart: Kohlhammer.
Niesel, R. (2008a). Wach, neugierig, klug – Kompetente Erwachsene für Kinder unter drei. Filmszenen und Informationen zur Entwicklung von Kindern. Gütersloh: Bertelsmann Stiftung.
Niesel, R. (2008b). Kinder sind niemals geschlechtsneutral. Die Kita als Erfahrungsraum des sozialen Geschlechts. Theorie und Praxis der Sozialpädagogik (TPS), 2, (12 – 14).
Niesel, R. (2008c). Feigenblatt oder Wegweiser? Geschlechtsbewusste Pädagogik in Bildungsplänen. Theorie und Praxis der Sozialpädagogik (TPS), 2, (32 – 35).
Niesel, R., Griebel, W. & Netta, B. (2008): Nach der Kita kommt die Schule. Mit Kindern den Übergang schaffen. Freiburg: Herder.
Oerter, R. & Montada, L. (Hrsg.) (2008). Entwicklungspsychologie (6. vollständig überarbeitete Aufl.). Weinheim und Basel: Psychologie Verlags Union.
Oerter, R. & Montada, L. (1998). Entwicklungspsychologie, (4. Aufl.). Weinheim: Psychologie Verlags Union.
Oerter, R. (1993). Psychologie des Spiels. Ein handlungstheoretischer Ansatz. München: Quintessenz.
Ostermayer, E. (2007). Unter drei – mit dabei. Wege zu einem qualifizierten Betreuungsangebot in der Kita. München: Don Bosco.
Papousek, M. (1998). Vom ersten Schrei zum ersten Wort, (3. Aufl.). Bern: Huber.
Pauen, S. & Rauh, H. (2008). Frühe Kindheit: Das Säuglingsalter. In: M. Hasselhorn & R. K. Silbereisen (Hrsg.). Enzyklopädie der Psychologie, Serie V. Entwicklungspsychologie des Säuglings- und Kindesalters, (67 – 125). Göttingen et al.: Hogrefe.

Peitz, G. (2004). Wenn bei Kindern Verhaltensauffälligkeiten diagnostiziert werden: Risiken für die Erziehungspartnerschaft von Familie und Kindergarten. Psychologie in Erziehung und Unterricht, 51, (258 – 272).
Petermann, U., Petermann, F. & Koglin, U. (2008). Entwicklungsbeobachtung und -dokumentation. Eine Arbeitshilfe für pädagogische Fachkräfte in Krippen und Kindergärten. Mannheim: Cornelsen Scriptor.
Petermann, F., Niebank, K. & Scheithauer, H. (2004). Entwicklungswissenschaft. Berlin: Springer.
Petermann, F. & Wiedebusch, S. (2003). Emotionale Kompetenz bei Kindern. Göttingen: Hogrefe.
Piaget, J. (1986). Das moralische Urteil beim Kinde. (1932 im Original erschienen). München: dtv/ Klett-Cotta.
Pikler, E., Tardos, A., Valentin, Laura & Valentin, Lienhard. (2002). Miteinander vertraut werden. Erfahrungen und Gedanken zur Pflege von Säuglingen und Kleinkindern. Freiburg: Arbor-Verlag.
Pramling Samuelsson, I. (2009). Lernen und Lernprozesse in der Frühpädagogik. In: F. Becker-Stoll & B. Nagel (Hrsg.), Bildung und Erziehung in Deutschland. (28 – 46). Berlin, Düsseldorf & Mannheim: Cornelsen Scriptor.
Pramling Samuelsson, I. (2004). How do children tell us about their childhoods? Early Childhood Research and Practice (ECRP), Spring. Verfügbar unter: http://ecrp.uiuc.edu/v6n1/index.html [29.04.2009].
Rabe-Kleberg, U. (2005). Feminisierung der Erziehung von Kindern. Chancen oder Gefahren für die Bildungsprozesse von Mädchen und Jungen. In: Sachverständigenkommission Zwölfter Kinder- und Jugendbericht (Hrsg.), Band. 2. Entwicklungspotenziale institutioneller Angebote im Elementarbereich. Wiesbaden: Verlag Deutsches Jugendinstitut.
Rabe-Kleberg, U. (2003). Gender Mainstreaming und Kindergarten. Weinheim: Beltz.
Rauh, H. (2008). Vorgeburtliche Entwicklung und Frühe Kindheit. In: R. Oerter & L. Montada (Hrsg.). Entwicklungspsychologie, (6. Aufl.), (131 – 208). Weinheim: Beltz.
Rauschenbach, T. (2007). Kinderbetreuung in Deutschland – eine empirische Standortbestimmung. DJI Bulletin, 80, 3/4, (5 – 10).
Reichert-Garschhammer, E. (2009). Die Bildungspläne von Bayern und Hessen – Länderkooperation als Chance und Bereicherung. In: F. Becker-Stoll & B. Nagel (Hrsg.). Bildung und Erziehung in Deutschland. (148 – 176). Berlin, Düsseldorf & Mannheim: Cornelsen Scriptor.
Reichert-Garschhammer, E. (2003). Steuerung und Weiterentwicklung des Systems der Tageseinrichtungen. In: Bundesministerium für Familie, Senioren, Frauen und Jugend (Hrsg.). Auf den Anfang kommt es an! Perspektiven zur Weiterentwicklung des Systems der Tageseinrichtungen für Kinder in Deutschland, (233 – 328). Weinheim: Beltz.

Remsperger, R. (2008). Feinfühligkeit im Umgang mit Kindern. Kindergarten heute spezial. Freiburg im Breisgau: Herder.
Riemann, I. & Wüstenberg, W. (2004). Die Kindergartengruppe für Kinder ab einem Jahr öffnen. Eine empirische Studie. Frankfurt am Main: Fachhochschulverlag.
Rohrmann, T. (2008a). Geschlechtsbewusste Pädagogik – eine Gratwanderung. In: P. Wagner (Hrsg.). Handbuch Kinderwelten, (59 – 71). Freiburg: Herder.
Rohrmann, T. (2008b). Zwei Welten? – Geschlechtertrennung in der Kindheit. Opladen: Budrich.
Roßbach, H.-G. (2005). Effekte qualitativ guter Betreuung, Bildung und Erziehung im frühen Kindesalter auf Kinder und ihre Familien. In: L. Ahnert, H.-G. Roßbach, U. Neumann, J. Heinrich & B. Koletzko (Hrsg.). Bildung, Betreuung und Erziehung von Kindern unter sechs Jahren. Materialien zum Zwölften Kinder- und Jugendbericht, Band 1, (55 – 174). München: Verlag Deutsches Jugendinstitut.
Ryan, R. M., Kuhl, J. & Deci, E. L. (1997). Nature and autonomy: An organizational view of social and neurobiological aspects of self-regulation in behavior and development. Development and Psychopathology, 9, (701 – 728).
Ryan, R. M., Deci, E. L. & Grolnick, W. S. (1995). Autonomy, relatedness and the self: Their relation to development and psychopathology. In: D. Cicchetti & D. J. Cohen (Eds.), Development and psychopathology, Vol. 1. Theory and methods, (618 – 655). Oxford, England: John Wiley & Sons.
Schäfer, G. (2008). Bildung in der frühen Kindheit. In: W. Thole, H.-G. Roßbach, M. Fölling-Albers & R. Tippelt (Hrsg.). Bildung und Kindheit. Pädagogik der Frühen Kindheit in Wissenschaft und Lehre, (125 – 140). Opladen: Barbara Budrich.
Schneider, K. (2007). Orte für Kinder – Lebensraum, Handlungsspielraum, Bildungsraum? Qualitätskriterien für die Jüngsten. Forum "Raum für Kinder" bei der Internationalen Fachtagung "Kinderbetreuung hat Zukunft". Interlaken. Verfügbar unter: www.zukunftsbetreuung.ch/Dokumente/F3_Schneider.pdf [16.1.2009].
Schul- und Kultusreferat, Sozialreferat der Stadt München (Hrsg.) (2008). Kinder unter 3 Jahren in Kindertageseinrichtungen. Bildungsprozesse mit Kindern gestalten. München: Heinrich Vogel.
Senatsverwaltung für Bildung, Jugend und Sport (Hrsg.) (2004). Das Berliner Bildungsprogramm für die Bildung, Erziehung und Betreuung von Kindern in Tageseinrichtungen bis zu ihrem Schuleintritt. Berlin: verlag das netz.
Siegler, R., Deloache, J. & Eisenberg, N. (2005). Entwicklungspsychologie im Kindes- und Jugendalter. Heidelberg: Spektrum Akademischer Verlag.

Sikçan, S. (2008). Zusammenarbeit mit Eltern: Respekt für jedes Kind – Respekt für jede Familie. In: P. Wagner (Hrsg.). Handbuch Kinderwelten, (184 – 202). Freiburg im Breisgau: Herder.
Singer, E. & de Haan, D. (2007). The social lives of young children. Amsterdam: B.V. Uitgeverij SWP.
Siraj-Blatchford, I. (2007). Effektive Bildungsprozesse: Lehren in der frühen Kindheit. In: F. Becker-Stoll & M. R. Textor (Hrsg.). Die Erzieherin-Kind-Beziehung. Zentrum von Bildung und Erziehung, (97 – 114). Berlin, Düsseldorf & Mannheim: Cornelsen Scriptor.
Siraj-Blatchford, I., Sylva, K., Muttock, S., Gilden, R. & Melhuish, E. (2002). Researching effective pedagogy in the early years. DfES Research Report, 356.
Skinner, E. A. & Wellborn, J. G. (1991). Coping During Childhood and Adolescence: A Motivational Pespective. In: D. L. Featherman, R. M. Lerner & M. Permutter (Eds.). Life-Span Development and Behavior, (91 – 131). Hilldale: Lawrence Erlbaum Ass.
Sodian, B. & Thoermer, C. (2009). Sozial-kognitive Entwicklung und intentionales Handlungsverstehen in der frühen Kindheit. In: F. Becker-Stoll & B. Nagel (Hrsg.). Bildung und Erziehung in Deutschland. (55 – 64). Berlin, Düsseldorf & Mannheim: Cornelsen Scriptor.
Sodian, B. (2008). Entwicklung begrifflichen Wissens. In: R. Oerter & L. Montada (Hrsg.). Entwicklungspsychologie, (6., vollständig überarbeitete Aufl.), (443 – 468). Weinheim und Basel: Psychologie Verlags Union.
Spangler, G. & Schwarzer, G. (2008). Kleinkindalter. In: M. Hasselhorn & R. K. Silbereisen (Hrsg.). Enzyklopädie der Psychologie, Serie V. Entwicklungspsychologie des Säuglings- und Kindesalters, (127 – 175). Göttingen et al.: Hogrefe.
Spangler, G., Grossmann, K. E. (1993): Biobehavioral organization in securely and insecurely attached infants. Child Development, (1439 – 1450).
Spitz, R. A. (1945). Hospitalism. Psychoanalytic Study of the Child, 1, (53 – 74).
Sroufe, L. A., Egeland, B., Carlson, E., & Collins, W. A. (2005). Placing early attachment experiences in developmental context. In: K. E. Grossmann, K. Grossmann, & E. Waters (Eds.), Attachment from infancy to adulthood. The major longitudinal studies, (48 – 70). New York: Guilford Publications.
Statistisches Bundesamt (2007): Statistiken der Kinder- und Jugendhilfe – Kinder in Tageseinrichtungen 2006, zusammengestellt und berechnet von der Dortmunder Arbeitsstelle Kinder- und Jugendhilfestatistik März 2007. Wiesbaden.
Steudel, A. (2008). Beobachtung in Kindertageseinrichtungen. Entwicklung einer professionellen Methode für die pädagogische Praxis. Weinheim und München: Juventa.

StMAS & IFP (2007) – siehe unter: Bayerisches Staatsministerium für Arbeit und Sozialordnung, Familie und Frauen & Staatsinstitut für Frühpädagogik (2005).
Strätz, R. & Demandewitz, H. (2007). Beobachten und Dokumentieren in Tageseinrichtungen für Kinder, (5. vollständig überarbeitete und aktualisierte Aufl.). Berlin, Düsseldorf & Mannheim: Cornelsen Scriptor.
Strehmel, P. (2008). Wovon hängt „gute" Bildung tatsächlich ab? Kindergarten heute, 1/2008, (8 – 13).
Sylva, K., Melhuish, E., Sammons, P., Siraj-Blatchford, I. & Taggart, B. (2004). The Effective Provision of Pre-School Education (EPPE) Project. Final Report. Verfügbar unter: http://www.dcsf.gov.uk/research/data/uploadfiles/SSU_FR_2004_01.pdf [8.12.2008].
Tardos, A. (2003). Lasst mir Zeit... Beziehungsvolle Säuglingspflege nach Emmi Pikler. Zeitschrift für Tagesmütter und -väter (4), (22 – 23).
Textor, M. R. (2007). Die "NICHD Study of Early Child Care" – ein Überblick. Verfügbar unter: http://www.kindergartenpaedagogik.de/1602.html [4.5.2009].
Textor, M. R. (Hrsg.) (2006). Erziehungs- und Bildungspartnerschaft mit Eltern, Gemeinsam Verantwortung übernehmen. Freiburg im Breisgau: Herder.
Tietze, W., Bolz, M., Grenner, K., Schlecht, D. & Wellner, B. (2006). Krippen-Skala – Revidierte Fassung (KRIPS-R). Feststellung und Unterstützung pädagogischer Qualität in Krippen. Berlin: Cornelsen Scriptor.
Tietze, W., Dittrich, I., Grenner, K., Groot-Wilken, B., Sommerfeld, V. & Viernickel, S. (2004). Pädagogische Qualität entwickeln. Praktische Anleitung und Methodenbausteine für Bildung, Betreuung und Erziehung in Tageseinrichtungen für Kinder von 0 – 6 Jahren. Weinheim und Basel: Beltz.
Tietze, W. & Viernickel, S. (Hrsg.) (2003). Pädagogische Qualität in Tageseinrichtungen für Kinder. Ein nationaler Kriterienkatalog, (2. Aufl.). Weinheim und Basel: Beltz.
Tietze, W., Meischner, T., Gänsfuss, R., Grenner, K., Schuster, K.-M., Völkel, P. & Rossbach, H.-G. (1998). Wie gut sind unsere Kindergärten? Eine empirische Untersuchung zur pädagogischen Qualität in deutschen Kindergärten. Neuwied: Luchterhand.
Trautner, H. M. (2002). Entwicklung der Geschlechtsidentität. In: R. Oerter & L. Montada. Entwicklungspsychologie, (5. Aufl.), (648 – 674). Weinheim: Beltz PVU.
van den Boom, D. (1994). The influence of temperament and mothering on attachment and exploration: An experimental manipulation of sensitive responsiveness among lower-class mothers with irritable infants. Child Development, 65, (1457 – 1477).

Viernickel, S. & Völkel, P. (2005). Beobachten und dokumentieren im pädagogischen Alltag. Freiburg im Breisgau: Herder.

Viernickel, S. (2004a). In welchen Entwicklungsprozessen befinden sich Zweijährige und was brauchen sie? Vortrag auf dem Fachtag "Was brauchen die Kleinen?" (12. März 2004). Verband Evangelischer Tageseinrichtungen für Kinder, Berlin-Brandenburg.

Viernickel, S. (2004b). Kleinkinder konstruieren soziale Beziehungen. In: L. Fried & G. Büttner (Hrsg.). Weltwissen von Kindern. Zum Forschungsstand über die Aneignung sozialen Wissens bei Krippen- und Kindergartenkindern, (35 – 54). Weinheim: Juventa.

Viernickel, S. (2000). Spiel, Streit und Gemeinsamkeit. Landau: Verlag Empirische Pädagogik.

Wagner, P. (Hrsg.) (2008). Handbuch Kinderwelten. Vielfalt als Chance – Grundlagen einer vorurteilsbewussten Bildung und Erziehung. Freiburg: Herder.

Walter, M. (2005). Mädchen sind anders, Jungen auch. München: Kösel.

Waters, E. & Sroufe, L. A. (1983). Social competence as a developmental construct. Developmental Review, 3, (79 – 97).

Weiß, K. (2006). Kindertagespflege in Familien. Evaluationsbericht zum Angebot der Stadt München (Landeshauptstadt München Sozialreferat & Deutsches Jugendinstitut, Hrsg.). München.

Weltzien, D. & Viernickel, S. (2008). Einführung stärkenorientierter Beobachtungsverfahren in Kindertageseinrichtungen. In: K. Fröhlich-Gildhoff, I. Nentwig-Gesemann & R. Haderlein (Hrsg.). Forschung in der Frühpädagogik, (203 – 234). Freiburg im Breisgau: Verlag Forschung – Entwicklung – Lehre.

Wertfein, M. & Spies-Kofler, A. (2008). Kleine Kinder – großer Anspruch! Studie zur Implementation des BayBEP und zur Qualitätssicherung in Kinderkrippen. München: Staatsinstitut für Frühpädagogik.

Wertfein, M. (2006). Emotionale Entwicklung von Anfang an – wie können pädagogische Fachkräfte den kompetenten Umgang mit Gefühlen fördern? Verfügbar unter: http://www.familienhandbuch.de/cmain/f_Fachbeitrag/a_Kindheitsforschung/s_2401.html [29.04.2009].

Wildgruber, A. & Nagel, B. (2007). Das aktuelle Stichwort: Neue Hochschulstudiengänge. Bildung, Erziehung und Betreuung von Kindern in Bayern (IFP-Infodienst), 12 (1/2), (5 – 9).

Winner, A. (2007). Kleinkinder ergreifen das Wort. Sprachförderung mit Kindern von 0 bis 4 Jahren. Berlin, Düsseldorf & Mannheim: Cornelsen Scriptor.

Winter, P. (2004). Shifting the quality of education and care for babies and toddlers in centre based childcare with a new curriculum framework. Presented at XXIV World Congress of OMEP, 21 – 24 July 2004.

Wolfram, W.-W. (1997). Dreijährige im Kindergarten. Kita aktuell, 7/9, (157 – 160).

Wüstenberg, W. (2008). Gleichaltrige im Krippenalter entwickeln Humor, eigene Themen und Freundschaften untereinander: Nützt das ihrer Entwicklung? Verfügbar unter: http://www.kindergartenpaedagogik.de/weit.html [31.07.08].

Wustmann, C. (2004). Resilienz. Widerstandsfähigkeit von Kindern in Tageseinrichtungen fördern. Weinheim: Beltz.

Wygotski, L. S. (1978). Mind in society: The development of higher mental processes. (Originalarbeiten 1930, 1933, 1935). Cambridge, MA.: Harvard University Press.

Youniss, J. (1994). Soziale Konstruktion und psychische Entwicklung. Frankfurt am Main: Suhrkamp.

Zimmermann, P. & Spangler, G. (2008). Bindung, Bindungsdesorganisation und Bindungsstörungen in der frühen Kindheit: Entwicklungsbedingungen, Prävention und Intervention. In: R. Oerter & L. Montada (Hrsg.), Entwicklungspsychologie, (6. vollständig überarbeitete Aufl.), (689 – 704). Weinheim und Basel: Psychologie Verlags Union.